流れを引き寄せる！

バレーボール サーブ

必勝のポイント

50

オーカバレーボールクラブ 監修

メイツ出版

はじめに

　中世のボールを打ち合う球技では、一球目に打たれるサーブ(サービス)は、いかに「打ちやすい」ところに出すかが目的とされ、ラリーを続けて楽しむためのゲームとされてきた。一方で現代スポーツのバレーボールはもちろん、テニスや卓球、バドミントンなどでは、一球目から、なるべく難しいところにサーブを打ち、相手の返球を弱め、その後の「ラリーの主導権を握る」ことがテーマとされている。

　実際のバレーボールのアマチュア選手たちに目を移すと、「ラリーの主導権を握る」ことよりも、直接得点につながるスパイクやレシーブの技術に、重きがおかれている傾向がある。サーブはあくまで個人技術であり、チームとしての戦術やフォーメーションの熟成や向上に、チームの練習時間の大半が占められていることも多いようだ。

　もし、高いレベルで勝敗を競うなら、得点を獲るために一球目のサーブで相手を崩し、自由に攻撃をさせないかが大切なポイント。セッターに条件の良いボールが入ってしまえば、そこからのトスで攻撃を組み立てられ、対応できなくなっ

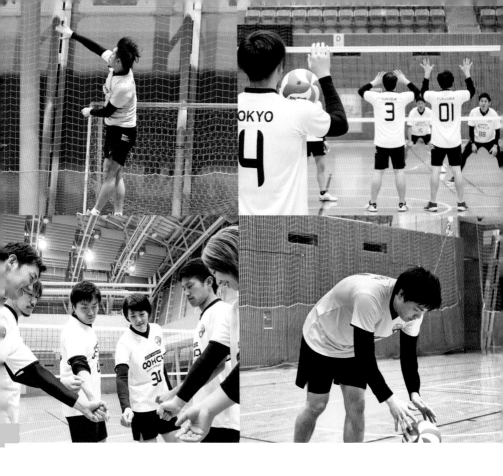

てしまうからだ。チームとして高いスパイク力やレシーブ力があったとしても、戦術はほとんど機能しなくなる。チーム戦術の土台は、サーブの良し悪しで決まるといっても良いだろう。

では、どのようなサーブを身につければ良いだろうか。強いスパイクを打てるような選手はサーブにも威力があったり、レシーブが得意な選手は、狙ったところにサーブをコントロールすることが得意など、プレースタイルや性格も影響する。フローターサーブひとつをとっても、スピードや回転量、軌道が選手によっ

て違うため、まず、自分の特徴を把握した上で、何か武器になるひとつのサーブを身につけることをおすすめする。そこからサーブのバリエーションを派生させ、状況や相手にあったサーブが、自由自在に打てるようになると選手としてのスキルも一気にアップする。

本書はサーブの打ち方とサーブを生かすための戦術、考え方を網羅した技術書である。サーブが上達することで、チームで活躍できるヒントを満載している。本書がアマチュアバレーボール選手の一助となることを願う。

この本の使い方

　この本では、バレーボールをプレーする選手がサーブを上達させるための練習法やノウハウを解説している。各ページには POINT としてのテーマがあるので、自分のプレースタイルや課題などを理解した上で取り組もう。

　ページにある写真や解説を見ながら動作をマスターしていく。書いてあることを実践していくことで、基本的な技術はもちろん、試合で使うテクニックを身につけることができる。

　最初から読み進めることが理想だが、「ここが気になる」「どうしてもマスターしたい」という項目があれば、そこだけをピックアップすることも可能。得意なプレーを伸ばす、弱点を克服するなど目的にあわせて課題をクリアしていこう。

サーブ戦術⑭サーバーの判

POINT
38

状況に応じた判断
サーブを打ち分け

CHECK
①確実性
②積極的
③得点や

自分の能力と戦術をすり合わせる

　練習では鋭いサーブが打てるのに、試合では緊張してしまってミスで終わってしまうと悩んでいるプレーヤーも少なくないのではないだろうか。

　緊張を打ち破る方法は、自分の意識と動作をコントロールするところにある。自分の実力以上のことを発揮しようとすれば心と体はバラバラになる。普段の練習から状況を見極めて、迷い

なく動作する

　理想は、進れるように進ことだが、まそして例えられないことえて、自分の合わせていこ

78

4

確実性のあるサーブを打つ場面

コツ 1

自分のチームがリードを奪われる劣勢の中、この場面ではミスできないと判断したら、確実性のあるサーブを打つことが先決。例えサーブの威力が弱くても、相手コートにさえボールが入れば、相手チームが攻撃をミスしたり、味方がブロックするなど、得点できる可能性もある。サーブを安全にきっちり入れていくことに徹しよう。

積極的に攻めるサーブを打つ場面

コツ 2

自分たちのチームが大量リードし連続得点しているときは、エンドライン、サイドライン際、ネットインなど厳しいところを狙って打っていく。仮にミスをしたとしても、相手にどこを狙って打っているのか、見せることも駆け引きを行っていくうえでのコツ。次のサーブで相手レシーバーが警戒しているようであれば、その逆をつく。

得点や相手の状況を見て使い分ける

コツ 3

自分たちのチームの攻守のリズムがいいときは、サーブの順番がまわってきたときもそのリズムを損なわないタイミングで打つことが大切だ。スピーディーな展開で進んでいればホイッスル後、間髪入れずに打つ。負けている相手をさらにじらしたいときは、8秒を使ってゆっくり時間をとって打つ。得点や相手の状況で使い分けよう。

自分の持ち球のバリエーションを増やす

CHECK

サーブの目標は、チームの戦術を実行できる効果的なサーブを打つこと。その戦術にフィットするようなサーブを選択できるように多種多様な持ち球があったほうがいい。その中でも自分の最大の武器となるサーブを磨き、さらに相手の戦術を惑わせる見せ球を含め、自分の持ち球のバリエーションを増やそう。

面
場面
分ける

ち続けら
果を狙う
こ集中。
ち引きず
を切り替
折をすり

もくじ

PART1

サーブの本質

相手を崩して自分たちの守備をしやすくする

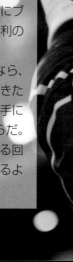

　サーブとは、すべてのポイントにおいて最初に行われるプレーだ。唯一、他の選手の影響を受けずに、自分のタイミングで始められる。サーブが直接、得点となるサービスエースがベストだが、そう立て続けに決まるものではない。したがってサーブは、相手を崩して自分たちの守備をしやすくすることが目的となる。自チームのサーブから得点することを「ブレイク」と言い、レシーブ側が有利なバレーボールでは、いかにブレイクの数を増やせるかが勝利のカギ。

　より高いレベルを目指すなら、サーブはできるだけ攻めていきたい。ただ入れるだけでは、相手にチャンスを与えるだけだからだ。強弱やコース、ボールにかける回転などを工夫し、相手が嫌がるようなサーブを身につけよう。

コツ1 初級レベルのチームほど サーブが試合を左右する

　勝つために様々な技術が必要なバレーボールでは、すべてのチームがサーブに重きを置いているわけではない。ただ、初心者や初級レベルのチームほど、サーブの重要度が高まってくる。なぜなら同程度の相手と対戦するとき、サーブの出来が試合結果に直結することが少なくないからである。

コツ2 明確な狙いを持って打ち 相手の攻撃を封じる

　サーブは、相手に効果的な攻撃をさせないようにするのが最大の目的。したがって、ただ入れるだけではなく、「相手のあの選手を狙おう」とか「コートのあそこを突いていこう」といった明確な狙いを持つことが大切だ。強いチームでは、サーブ1本ごとにベンチからサインが出され、選手はその指示通りにサーブを打っている。

コツ3 自分たちのブロックや レシーブをやりやすくする

　相手に効果的な攻撃をさせないのと同時に、自分たちが守りやすくすることも考えたい。サーブ後の守備としては、ブロックとレシーブがあるが、それぞれは密接につながっている。たとえば自チームのライトにブロックが得意な選手がいたとしたら、相手のレフトから攻撃させるようなサーブによって攻撃の選択肢を少なくできる。

コツ4 サーブは局面に応じて 数種類を使い分ける

　25点先取のセットでは、普通、1選手にサーブが回ってくるのは1セット2～3回。連続得点を挙げれば、もちろん打つ本数は増えてくる。その際、毎回同じサーブでは、相手も次第に慣れ、こちらが主導権を握れなくなっていく。試合には流れがあるため、その時々の局面に応じて、数種類のサーブを使い分けられるのが望ましい。

POINT 02
リリーフサーバーとして
活躍の場が増える

　強弱やコースを打ち分けたり、数種類の打ち方を使い分けるなど、サーブが上達すると、どのようなメリットがあるか。当然、チームのためになる。サービスエースの増加が期待でき、相手を崩せば自分たちの守備がしやすくなるため、ブレイクできる可能性が高まる。1点1点を積み重ねるバレーボールでは、そうして勝利が近づいていく。

　またレギュラーでない人は、交代出場の機会が増える。試合では、悪い流れを断ち切ったり、相手を一気に引き離したい場面で、監督やコーチはワンポイントのリリーフサーバーを送り込む。サーブを武器としていれば、ここぞというときに声がかかる。初心者や初級レベルの選手には、指導者から「まずはサーブを頑張ろう」と言われることが多い。

サーブレシーブを乱し攻撃できないようにする

サーブ側にとってベストな結果は、サービスエースで得点が入ること。サービスエースが決まらなくとも、相手のサーブレシーブを乱し、万全な状態から攻撃できないようにする。「何とかつないで返すのが精一杯」とさせることができれば、次は自分たちのチャンスボールとなり、ブレイクする可能性が一気に膨らむ。

攻撃の選択肢を減らし守りやすくする

相手のサーブレシーブが成功し、セッターに渡った瞬間、3〜4人の選手が攻撃の準備に入っている。それに対してサーブで攻め、セッターの選択肢を1人でも2人でも減らすのもサーブの狙い。攻撃パターンを限定できれば、味方の前衛はブロックで、後衛はレシーブで的を絞り、自分たちの攻撃に切り返しやすくなる。

相手が嫌がるサーブでゲームの流れを変える

ゲームには流れがある。相手が良い流れのときは、できるだけ早くそれを断ち切り、自分たちの良い流れのときは、さらに加速し、相手を一気に突き放したい。サーブには、そのように「流れを変える」という目的もある。直接得点にはならなくても、相手に「このサーブはイヤだな」と思わせるようなサーブを打つのが理想だ。

サーブが武器ならば試合出場の機会が増える

流れを変えたいときに、サーブが得意な選手にタイミングよくサーブが回ってくるわけではない。そこで途中交代で入るリリーフサーバーが重要になる。つまり、レギュラーではない選手でも、サーブが武器ならば、試合出場の機会が増える。サーブは他の技術と違い、一人でも練習ができるので、積極的に取り組むようにしたい。

サーブマスターする流れ

フォームを身につけてから
コントロールを磨く

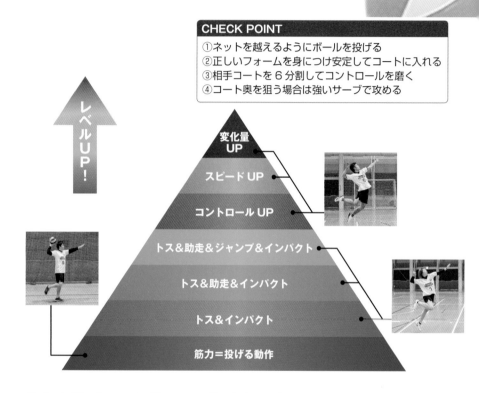

CHECK POINT
①ネットを越えるようにボールを投げる
②正しいフォームを身につけ安定してコートに入れる
③相手コートを6分割してコントロールを磨く
④コート奥を狙う場合は強いサーブで攻める

レベルUP！

変化量
UP

スピードUP

コントロールUP

トス＆助走＆ジャンプ＆インパクト

トス＆助走＆インパクト

トス＆インパクト

筋力＝投げる動作

威力が加わると「サーブが武器」と言える

　サーブは投げる動作に近いので、初心者はまずボールを遠くに投げることから始める。ある程度の距離を投げられるようになったら、トス、助走があれば助走、スイング、インパクトという一連のフォームを身につける。正しいフォームで打てなければ、安定したサーブにならず、コースを狙うこともできない。

　フォームが身についたら、次は狙ったコースに打つコントロールを磨く。実戦では相手の特定の選手やコートをいくつかに分割したエリアを狙うので、それなりの制球力が欠かせない。そこにボールの威力が加わると「サーブが武器」と言える領域に達する。もちろん、ミスは少ない方がよい。どの段階でも、可能な限りミスをしないように意識し、一つずつできることを増やしていきたい。

コツ 1 ネットを越えるように ボールを投げる

　どのサーブも、基本的には「投げる」動作に近い。そこで初心者はまず遠くにボールを投げることから始める。エンドラインに立ち、投げたボールがネットを越えれば、基本サーブの一つであるフローターサーブで打つことが可能になる。もし越えなければ、比較的簡単に打てるアンダーハンドサーブで打つことから始める。

コツ 2 正しいフォームを身につける

　本格的にサーブをマスターするには、一連のフォームを身につけることが第一段階になる。トスから始まり、腕のスイングを経て、手のひらでボールをインパクトする。助走がある場合は、トスの前か後に助走が入る。最初はボールへの回転を意識せず、素直に当てるだけでよい。まずは安定して相手コートに入るようにする。

コツ 3 相手コートを6分割して コントロールを磨く

　次はコントロールを磨いていく。相手コートを分割し、それぞれのエリアを狙う。最初は2分割や3分割でよいが、最終的には3×2の6分割ですべてに打ち分けられるようにしたい。分割したエリアに得点を設定し、チームメイトと入った得点を競うなど、ゲーム性を取り入れると、楽しい雰囲気で練習ができるだろう。

コツ 4 コート奥を狙う場合は 強いサーブで攻める

　サーブを武器にするなら、コントロールだけではまだまだ不十分。ある程度の威力がないと、簡単にレシーブされて攻撃に展開されてしまう。ネット際に落とす場合は、強いサーブは難しいが、相手コートのアタックラインより奥を狙う場合は、スピードを意識したサーブを打ちたい。その際は、筋力が必要になってくることもある。

サーブの種類

複数のサーブを打てると大きな武器になる

CHECK POINT
① 変化をさせやすい主流のフローターサーブ
② 無回転で守りづらくするジャンプフローター
③ 思い切って振り抜く攻撃的なジャンプサーブ
④ 数種類のサーブがあると相手は守りづらくなる

現代の主流はフローターとジャンプサーブ

サーブは大きく分けて、腕を「横や下から振るスイング」と、「上から振るスイング」とがある。下や横からのスイングには、初心者向けのアンダーハンドサーブがあり、他にサイドハンドサーブ、オーバーハンドサーブ（ドライブサーブ）、天井サーブなどがある。

初級レベルを脱したら、多くの選手は上からスイングするフローターに移行す

る。フローターには、もっともオーソドックスなフローターサーブがあり、そこにジャンプや助走が加わって、ジャンプフローターサーブなどに派生する。

また、フローターでも強打に重きを置くのが、ジャンプサーブ。ミスするリスクはあるが、エースの可能性も高い。現代バレーボールでは、フローターサーブと、ジャンプサーブが主流だ。

コツ 1 変化をさせやすい 主流のフローターサーブ

　フローターの中でもっとも基本的なフローターサーブは、エンドラインに対して正面に立ち、顔の前でボールを手のひらでインパクトする。打ちやすく変化をさせやすいことから、現代バレーの主流のサーブといえる。ポイントは、体重移動をしながら腕を前に押し出すように振ること。そこに助走を加えると、より威力が加わる。

コツ 2 無回転で守りづらくする ジャンプフローター

　腕の振りはフローターサーブと同じで、ジャンプして高い打点から打つのがジャンプフローターサーブ。スピードや威力で勝負するのではなく、無回転のサーブによって急に落ちたり伸びたりする変化から、相手にレシーブさせづらくすることを目的としている。インパクトの瞬間にピタッと止める意識で打つと、無回転で飛んでいく。

コツ 3 思い切って振り抜く 攻撃的なジャンプサーブ

　トスを高く上げ、スパイクを打つようなフォームから打つジャンプサーブは、サーブの中でも豪快で、もっとも威力がある。ピンポイントでコースを狙うのは難しく、ミスにもつながりやすいが、その反面、サービスエースも取りやすい。安定したトスを上げることが重要で、全身のバネを使って思い切って振り抜くように打つ。

コツ 4 数種類のサーブがあると 相手は守りづらくなる

　サーブは1つでも多くの種類を打てる方が望ましい。試合で状況や相手守備の陣形を見て使い分ければ、相手はより守りにくくなるからだ。たとえば同じフローターサーブでも、インパクトの仕方や助走の有無、助走も横に走っていくか、縦に走っていくかで、ボールの回転やスピードが変わってくる。

サーブに大切な指を
テーピングで保護する

　バレーボールでは、筋肉や関節にかかわるケガがつきもので、テーピングが欠かせない。テーピングの目的は、手首や指などに巻き、可動域を制限してケガを予防すること。すでにケガをしている場合は、悪化や痛みを抑える効果も期待できる。ただし、テーピングをしたからといってケガが早く治るわけではないことは理解しておこう。

　サーブは、スパイクやレシーブほどケガの直接的な原因にはなりにくい。しかし、指や手首、肘、肩あたりが痛いと、プレーに支障が出てしまう。そこでテーピングが有効になるが、誤った巻き方をすると、皮膚のトラブルや血行障害の原因にもなる。使用する際は、トレーナーなど専門知識を持つ人からのアドバイスを参考に、正しい使い方を心掛けたい。

　テーピング用テープには、伸縮性の有無や幅などで種類がいくつかあり、部位や用途によって使い分ける必要がある。非伸縮性テープは、患部を固定して動かないようにすることができ、たとえば指だけを巻く場合は、基本的には細めのテーピングを選ぶとよい。

PART2

サーブの
フォーム

POINT 05

サーブの"フォームの流れ"を理解する

ジャンプ：なし
助　走：なし

ジャンプ：あり
助　走：あり

サーブの動きはトス→スイング→インパクト

　サーブの動きを細分化すると、トス→スイング→インパクトという流れになり、サーブによってはトスの前か後に助走やジャンプが入る。当然、どれか一つでもうまく行かなければ、良いサーブにはならない。逆に言えば、良いサーブが打てない人は、いずれかの要素がきちんとできていないということになる。一つひとつの動きを正しく身につけていこう。

　トスはサーブの良し悪しを左右する。思ったところに上げられる安定性が求められる。スイングは何度打っても同じ軌道になるようにする。これが一定でないと、うまくボールを捉えることができない。フローターサーブやジャンプサーブでは、インパクトは基本的に手のひらで行う。一連の動きをスムーズにしてサーブでチャンスを作りたい。

コツ 1 トスは腕全体を使って ふわりと上に押し上げる

　トスは、利き手とは逆の手のひらにボールを乗せ、インパクトより高い位置にふわりとボールを押し上げる。手や指先、手首のスナップだけで上げようとせず、腕全体で上げるのがポイント。とくにジャンプサーブでは高いトスが必要だが、高く上げれば上げるほど難易度が増す。また、助走が入るサーブもトスが安定しづらい。

コツ 2 インパクトする打点を 目がけて振り出す

　腕を引くバックスイングからインパクトする打点に向かって手を振り出す動作がスイング。インパクト後のフォロースルーも含めて、スイングという場合もある。フローター系はすべて肘を曲げて後方に引き、頭上あるいは頭上のやや前あたりを目がけて振る。力み過ぎると、鋭いスイングにならないため、リラックスして行う。

コツ 3 ボールの中心を叩いて 正確にインパクトする

　フローター系サーブのインパクトは、手のひらの下部の肉厚の部分でボールを叩く。手は力み過ぎないように軽く開く形にするのが一般的だが、打ちやすい形でOK。レベルが上がれば、あえて回転をつけるやり方もある。まずはきちんとミートできるようにしよう。ボールの中心を叩くと、余計な回転を抑えられる。

コツ 4 アンダーハンド系は 腕を伸ばしてスイング

　アンダーハンド系サーブは、初心者向けのテクニック。手を軽く握り、腕を伸ばしてバックスイングをとる。トスはフローター系サーブと同じで、腕全体を使ってふわりと上に押し上げる。相手コートに入れるだけなら確実性は高いものの、相手の守備を乱すほどの変化はつけにくい。

フローターサーブ①（構えからトス）
サーブの応用につながる基礎を身につける

CHECK POINT

①頭より前方にトスを上げる
②トスは高めの位置にセットする

目線に入る位置にボールをセットし構える

狙い通りのコースに打ちやすいサーブを身につける

フローターサーブは、腕を後から前へスイングするオーバーハンドのサーブの種類の中で一番オーソドックスなサーブ。ジャンプ系のサーブに比べて威力は落ちるが、床に両足をつけた状態で打つため、初心者でも安定的にコースを狙いやすいコントロール重視のサーブである。

フローターサーブの技術は、ジャンプフローターサーブ、ランニングジャンプサーブの基礎となる。マスターすれば、コートの奥行きや幅を有効に使ったサーブに発展させることができるので、基本の技術をしっかり身につけよう。

相手に思うようなプレーをさせないための第一段階としては、まず自分が狙い通りのサーブを打てる技術を身につけていくことが重要だ。

ヒットポイントにボールを置く

　トスの正確性で良し悪しが決まる。トスを「上げる」のではなく、空中にボールを「置いてくる」イメージで、ボールをヒットする位置にボールを放すのがポイント。

ヒジを引き、手のひらは
耳の後ろでセット

空中に置くようにボールを
放してトスを上げる

コツ 1 頭より前方に トスを上げる

　トスの位置が頭より後方に流れてしまうと、体が反ってアゴが上がってしまう。そうなると、サーブに体重を乗せた効果的なサーブを打つことができない。目線の斜め前あたり、頭より前方にトスを上げる。

コツ 2 トスは高めの位置に セットする

　ボールを構えずにセットしないまま、トスを上げるのは悪い例。距離が合わなくなると、ボールが安定せず、トスがぶれてしまう。トスがぶれるとヒットのタイミングが遅れるので、トスは高めの位置にセットする。

フローターサーブ②（スイング→インパクト）

無回転ボールでサーブの変化量を増やす

CHECK POINT
① ヒジを棒状に固めてヒットする
② ヒジの位置は下げない

利き手と反対の足を前に踏み出す

トスを目で追いながら前方へ重心を移動

相手レシーバーに判断させる時間を与えない

ボールをインパクトする位置へトスが正確に上がれば、サーブは8割方成功だ。あとは手のひらを固定し、ボールに回転をかけないようにしてボールの中心をインパクトする。ボールを無回転に近づけることでボールの変化量が増え、急にストンと落ちたり、曲がったりするなど変化をつけることができる。

フローターサーブの利点は、高い位置から打つことでネットまでの距離が近く、相手コートまでの到達が速いため、相手に判断させる時間を与えないこと。

ヒジの位置は耳の横を目安に上げる。ヒジが下がってしまうと打点も下がり、角度のあるサーブが打てない。ジャンプ系のサーブすべてに共通するポイントなので、ヒジの位置は常に意識してサーブ練習に取り組もう。

自分のサーブボールに回転がかかっていないか、事前にチェック。少しでも回転がかかっていたら、インパクト時に摩擦が起きていることになる。瞬間的にボールを強くヒットしよう。

重心を移動
させながら
ボールをインパクト

狙いたい方向へ手のひらと
つま先を向ける

コツ1 ヒジを棒状に固めてヒットする

ボールを無回転で打つには、ヒジから手のひらまでを固め、棒状をイメージしてボールの中心を強くヒットする。直線的な弾道となり、空気抵抗により変化する。ボールをこするようにヒットすると回転がかかるので注意。

コツ2 ヒジの位置は下げない

NG

スイングの際にヒジが肩より下がり、下から突き上げるようなフォームはNG。インパクトのときにボールに力が伝わらず、サーブの軌道が浮き上がってしまう。また回転がかかってしまう可能性もあるので、ヒジは下げないこと。

ジャンプフローターサーブ①（構えからトス→踏み切り）

ジャンプ系サーブの
基本となるサーブ

CHECK POINT
①脚と体幹で軸を作る
②両脚で踏み切って高さを出す

両手でボールを持ち、
助走の準備

前へ一歩踏み出し、
助走をスタート

重心を少しずつ
前方へ移動させる

角度がある変化で相手フォーメーションを崩す

ジャンプフローターサーブは、フローターサーブよりもジャンプして高い打点で打つことで、角度がつきボールへの変化量が増す。また、レシーバーまでの到達時間が速いため、判断の時間を短くさせるという利点がある。そのため、ジャンプ系のサーブを打つことが、取りづらいという印象を与えられ、相手チームにプレッシャーをかけることができる。

フローターサーブと異なり、構えてから助走に入る。移動しながらトスを上げるため、ボールが空中でぶれないように注意することがポイント。ジャンプフローターサーブのトスは、ジャンプ系のサーブのトスの基本となる。ここでしっかりマスターして、さらに移動距離が広がるランニングサーブやジャンプサーブに挑戦していこう。

CHECK 移動しながらトスを上げる

　安定したトスを上げるために、構える位置をできるだけ顔の近くにしてから上げる。まずは「移動しながらトス」という動作を繰り返し、思い通りのポイントへ上げられるようにする。

目線の中に
トスボールを入れる

目線の斜め上へ
両手でボールを
上げる

利き手と
反対の脚を軸にして
踏み切る

コツ 1 脚と体幹で軸を作る

　ジャンプの高さを維持するためには、体幹をまっすぐにした状態で構え、助走、踏み切りまで行うこと。踏み切った脚から体幹までが1本の軸でつながるイメージで上体をまっすぐにして踏み切るのがコツ。

コツ 2 両脚で踏み切って高さを出す

　両脚でのジャンプのほうがより高さを維持できるプレーヤーは、スパイクと同じように両脚で踏み切るとよい。両脚の屈伸を利用してまっすぐ上にジャンプ。飛び上がる時にスイングの体勢を作り、すばやくインパクトする。

POINT 09 直上ジャンプで高さを生み出す

CHECK POINT
①トスは体よりも前方に上げる
②着地後はすぐにポジションへ戻る

トスを目で追いながら、直上ジャンプ

利き手と反対の脚を軸にして踏み切る

動きを止めず、スムーズに力を伝える

ジャンプフローターサーブの生命線は「高い打点」。その効果を発揮するために重要なのは第1にトスの精度、第2にジャンプへの踏み切りだ。体幹と片脚をまっすぐにした状態で直上にジャンプし、高さを作り出す。ジャンプ時に体が傾いて動作がぶれると、その分打点が下がってしまうので、気をつけよう。

高さを意識しながら、安定したトスから踏み切り、ジャンプまでの一連の流れをスムーズにできるようにする。一つ一つの動きが止まってしまうとインパクトの際、ボールへ力が伝わらない。スイングの際は移動でつけた勢いをボールに伝えるため、強くヒットしインパクトの瞬間、固定した手のひらを空中で止める。ボールの中心をしっかりたたけているかどうか、感覚をつかんでおこう。

滞空時間をキープする

片足踏み切りで高く跳ぶコツは、踏み切りとは逆の足の使い方がポイント。踏み切った瞬間、ヒザを高く上げるようにジャンプする。少しでも滞空時間を長くするように意識する。

狙ったコースへ
腕を振りボールに
力を伝える

インパクト後、着地したらすぐ
にコート内のポジションへ戻る

 コツ 1
トスは体よりも
前方に上げる

トスはフローターサーブ同様、体よりも前方に上げること。体の直上や後方に上げてしまうとアゴが上がり体重が乗らず、威力が半減。かぶってしまうと打点が下がってしまうので、正確なトスを心がけよう。

コツ 2
着地後はすぐに
ポジションへ戻る

インパクトして着地した後は、ジャンプの勢いを利用してそのまま、コート内の自分のポジションへ。相手コートを視野に入れながら、すばやくディフェンスポジションに入り、守備につこう。

ランニングジャンプフローターサーブ①（構えから助走→トス）

コートの横幅を利用してサーブに変化をつける

相手チームの
フォーメーションを
確認する

CHECK POINT
①無駄な助走は作らない
②太モモを上げるイメージで

視界に入る位置で
トスをセットする

斜め前へ踏み出し、
助走スタート

助走の長さでサーブに勢いを足す

　ジャンプフローターサーブがコートの縦の幅を利かせるならば、ランニングジャンプフローターサーブは、コートの横幅を利用して打つサーブ。助走の距離を長くし歩数が増えた分、ボール軌道に勢いを足すことができる。

　トスは片手で上げる。移動距離がある中でもすばやくインパクトできるように空中に「上げる」という感覚では

なく、「置く」イメージで。通常のジャンプフローターサーブと比較すると打つまでの時間が短くなるため、レシーバーの判断する時間が限られるという利点がある。

　助走からトスの基本をマスターすれば、ランニングジャンプフローターサーブで、様々な助走コースを展開し、サーブ軌道に変化をつけることが可能だ。

CHECK 複数の助走パターンをマスター

　ランニングジャンプフローターサーブの醍醐味は助走のコースに変化をつけられること。エンドラインに対して45度、90度など、複数の助走パターンをマスターしておこう。

トスを顔の
斜め前方へ上げる

踏み切る足で体の
バランスを支える

コツ 1 無駄な助走は作らない

　助走の距離が決まっているにもかかわらず、その中で歩数を多く踏んでしまうと、トスを上げるタイミングとインパクトがずれる恐れがある。無駄な助走は省き、ベストのタイミングでトスを上げよう。

コツ 2 太モモを上げるイメージで

　助走の距離が長い分、ジャンプフローターサーブよりも長く滞空時間をキープできるのが、ランニングフロータージャンプサーブの強み。踏み切った足とは逆側の太モモを高く引き上げるイメージでジャンプしよう。

ランニングジャンプフローターサーブ②（ジャンプ→インパクト→フォロースルー）

予測しにくいサーブで 相手レシーブを崩す

CHECK POINT
①体が流れないように注意
②ランニングのパワーを乗せる

ボールから目を離さずに
スイング体勢へ

太モモを高く引き上げな
がら逆側の足で踏み切る

助走の距離や角度を活かしてインパクトする

　ジャンプフローターサーブ同様、高い打点を意識して打つことが重要だが、ジャンプの方法は少し異なる。ランニングジャンプフローターサーブは、助走の距離や角度を活かすため、前方へブロードするようにジャンプ。助走の勢いがよりボールに伝わるように体重をしっかり乗せてボールをインパクトする。

　ランニングジャンプサーブのメリットは、助走の方向とボールの軌道が異なるため、インパクトぎりぎりまで相手チームはコースが予測しにくく、反応しづらいという点である。助走の勢いを殺さないようにして自分が打ちたい方向へしっかりインパクトすることが大切。フォロースルーの際は、腕を最後まで振り抜かなくていい。インパクトの余力を空中に流す感覚で軽く振り下ろそう。

助走の距離、角度で変化をつける

このサーブのメリットは、助走のバリエーションをつけられること。エンドラインの幅を有効に活かし、助走のスタート位置、距離、角度に変化をつけて打ってみよう。

ボールに体重を乗せるようにして
インパクト

インパクトの余力を流すように
フォロースルー

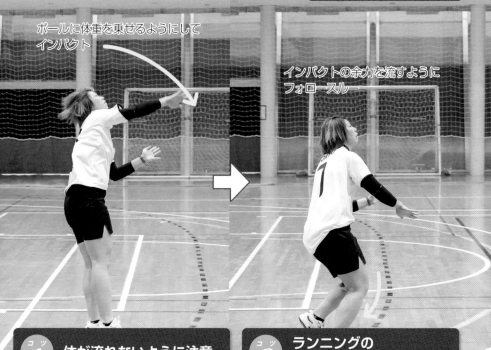

コツ 1 体が流れないように注意

効果的なランニングジャンプフローターサーブを打つコツは、ボールに助走の勢いを伝えること。エンドラインに対して斜めに助走する場合、横方向に体が流れないように踏み切る足でバランスをとることが大切。

コツ 2 ランニングのパワーを乗せる

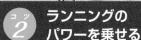

助走に気を取られ、ジャンプした際に歩数が合わなくなったり、打点が下がったりするとボールに体重が乗らなくなる。ランニングで生み出したパワーをボールに伝えられるようにボールを頭の真上でとらえないこと。

33

ドライブサーブ

ボールに前進回転を
つけて相手を崩す

CHECK POINT
①打点と通過点は下げない
②縦方向にボールをこする

顔の前方に向かって
トスを上げる

トスは空中に
高めに上げる

目線の斜め上で
ボールをとらえ
スイングの準備

ボールをこするようにしてインパクト

インパクトする瞬間、ボールに縦方向の前進回転をかけてサーブの落下速度を速めるサーブをドライブサーブという。ボールの軌道が自分の方に向かって速度アップしながら飛んでくることもあるためレシーブしにくい。

構えからトスまでの動きは通常のフローターサーブと同じだが、トスの高さ、インパクトの方法が異なる。トスは高めに上げ、手首を柔らかく使い、上からかぶせるようにしてインパクトしてボールに回転をかける。

トスが上から落ちてくるエネルギーを、強く手のひらを当てることでサーブの回転力へと変換させることができる。フローターサーブが相手に攻略され始めたときのために、球質を変えて打てるようにしておこう。

 いろいろな回転をかける

　ボールの上部をたたくトップスピンをマスターできたら、ボールに横回転をつけるサイドスピンに挑戦してみよう。ボールをインパクトする位置によって、コースや軌道が変わる。

ボールに体重を乗せる
ようにフォロースルー

ヒジを上げたまま、
ボールに回転を
かけてヒット

落下地点を確認し
コート内へ移動

コツ1 打点と通過点は下げない

　ボールに手のひらをかぶせようとしてスイング時に上体が前に倒れてしまうのは悪い例。打点が下がってしまうため、ボールの通過点も低くネットにかかってしまう可能性が高い。上体を起こしたまま、スイングしよう。

コツ2 縦方向にボールをこする

　ボールをインパクトする際は、上から手のひらをかぶせるようにして縦方向にこするのがコツ。回転量が増えるほど、ボールの落下角度も鋭くなる。ボールに前進回転をかけられるようにインパクトの練習をしてみよう。

35

POINT 13

ジャンプサーブ
パワー系サーブで直接得点を狙う

CHECK POINT
① 助走とジャンプの幅を計算する
② トスボールに前進回転をつける

トスを上げやすいように両手でボールを持つ

トスに前進回転をつけるようにして上げる

しっかり踏み込み、ジャンプの準備

ボールの落下速度の速さで勝負をかける

スパイク同様、ジャンプしながら空中で体を反らせ、ドライブをかけて打つサーブをジャンプサーブという。パワーのあるサーブのため、直接得点を狙いやすく、相手のサーブレシーブを崩しやすい。パワーを込めて打つには、空中で体重を乗せることができるトスを上げられるかが鍵を握る。

ジャンプサーブは試合の状況によっ

て、トスの高さを使い分けていくことができる。自チームがリードしていて勢いをつけたいときやサーブで勝負したい場面では、落下速度の速いサーブで得点を狙う。高いトスを上げて威力のあるサーブを打っていこう。

また、サーブミスを回避したいときは、トスを低めに上げて確実にコントロールできるジャンプサーブを打つ。

予測不能な変化を生み出す

　ジャンプサーブでコースを狙うときは、手首のスナップを使う。ボールの右端をインパクトするとカーブ、左端を打つとスライスする。レシーバーが予測不能な変化をつけることが理想。

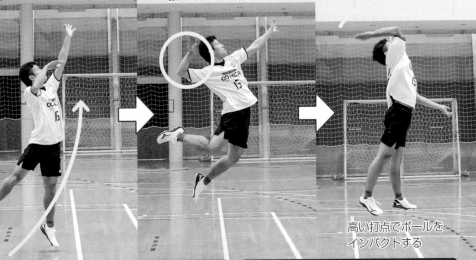

トスを目で追い、
空中でスイングに入る

ヒジを上げた状態で
強くスイングする

高い打点でボールを
インパクトする

コツ 1 助走とジャンプの幅を計算する

NG

　ジャンプサーブのトスは助走とジャンプの距離を計算して前方に上げる。その距離が足りないとスイング時にかぶってしまい、パワフルなサーブが打てない。どのあたりにトスを上げればいいのか目測を立てる。

コツ 2 トスボールに前進回転をつける

　強烈なジャンプサーブを打つには、トスでボールに縦方向の前進回転をかける。そうすることでインパクトする瞬間、回転がさらに加速する。手首を下から上へスナップを利かせてトスを上げられる技術を身につけよう。

POINT 14

山なりの軌道で相手コートに確実に入れる

CHECK POINT
①下半身の力を使う
②手首周辺でインパクトする

ボールを放すと同時に腕を後方へ

相手コートを正面にしてエンドライン沿いに立つ

初心者でもマスターしやすいサーブ

　ここからは初心者やフローターサーブで距離が伸ばせないプレーヤー、筋力がないプレーヤーでも、ボールを飛ばすことができるサーブを紹介する。もっともマスターしやすいアンダーハンドサーブは、初心者や小学生の低学年向き。腕を下から上へ振り上げ、ボールを下からたたくことで山なりの軌道を作り、ネットを越えるサーブを打つことができる。

　サーバーにとってリスクはないが、レシーバーにとっては威力がないため、セッターに返しやすい。それでもしっかりマスターできれば、軌道を高くしたり、低くしたり、スピードを変化させることも可能。腕を振る際、ボールを正確に手首に当て力が伝わるよう、基本の技術を身につけておくことが大切だ。

振り子のイメージで打つ

どうしても距離が伸びないプレーヤーは、最初はコート内から打ち、練習していく。振り子のようなイメージで腕を下から上へ振り、少しずつ力をつけて距離を伸ばしていこう。

トスの落下に合わせて腕を
前方へ出す

まっすぐ正面へ腕を振り抜く

コツ 1 下半身の力を使う

腕を下から上へ振る際、下半身は後方から前方へ重心移動を行うとスムーズにボールをインパクトできる。軽くヒザを曲げた状態で構え、腕を前方へ出すと同時に利き手と反対の足を前に出してボールに力を伝える。

コツ 2 手首周辺でインパクトする

一般的に手の形は握りコブシを作り、手首の角度を固定する。ボールは親指の付け根（膨らんでいる辺り）から手首の周辺にヒットさせる。スイングする際は、ボールが手首に当たるまで目を離さないようにするのがコツ。

39

サイドハンドサーブ

腕の可動域を使って サイドに振り抜く

CHECK POINT
①腰を回転させて力を伝える
②手を放してすばやくインパクトする

サイドライン側を向いて
構える

トスをセットする位置と
利き手はほぼ水平に

ボールを空中で放し、
利き手を背中へ回す

ネットすれすれの平行線を描く

アンダーハンドサーブのボールコントロールが安定してきたら、より強く打てるサイドハンドサーブに挑戦していこう。アンダーハンドサーブは相手コートに体を向けて構えるが、サイドハンドサーブは体をサイドライン側に向け構える。利き手側の可動域をフルに使い、腕を後方から前方へ振り抜くことでスピードと威力が増す。ネットすれすれを通過させて平行線を描くことで、落下地点を惑わせることができる。

腕を振る向きでコースを調整することもできる。ストレートを狙いたいときは腕をまっすぐ振り、クロスを狙いときは腰を回転させて腕を体のほうへ向かって振り抜く。サイドハンドサーブは、筋力がないプレーヤーでもコースを狙える万能なサーブである。

腕はほぼ水平に振る

サイドハンドサーブのポイントは、腕をほぼ水平に振ること。トスをセットする位置と腕の位置を合わせて、勢いよくスイングする。軌道が平行線となり、相手にとって嫌なサーブとなる。

トスの落下に合わせて
利き手を前方へ振る

腕の高さを変えずに
そのままインパクト

相手コートに向かって
フォロースルー

コツ 1 腰を回転させて力を伝える

下半身の重心移動は、腰の捻りをうまく使う。腕を背中側から振る際、腰を開くイメージで下半身を安定させる。インパクトの時は腰を体の正面に戻し、打った後は腰をエンドライン方向へ回し、ボールに力を伝える。

コツ 2 手を放してすばやくインパクトする

初心者向けのサーブ全般に言えるのは、トスは空中に置くイメージで高く上げすぎないという点。サイドハンドサーブは特にそこを注意したい。トスをセットしている手を放したら、すばやくインパクトするイメージで。

オーバーハンドサーブ

トスとスイングの
タイミングを合わせる

利き手を背中側に
回してスイングの準備

サイドラインの方を
向いて構える

ヒジを伸ばした状態で
トスを上げる

筋力がなくても鋭いサーブになる

　サイドハンドサーブの構えから腕を下→上→下へと振るようにして肩よりも高い位置で打つ。打点が高くなることで、その分角度がつき、落下のスピードも速くなる。

　腕を体の後ろから回して振り上げる力を利用すれば、鋭いサーブを打つことが可能だ。特にママさんバレーで打っているプレーヤーが多い。

　ただし、腕を大きく回す動作とトスのタイミングを合わせて正確にインパクトするのは意外と難易度が高い。タイミングがずれてボールの当たり所が悪ければ、サーブの威力は半減する。オーバーハンドサーブはリスクも高いサーブと言えるので、しっかりマスターしてから実戦で使おう。

こするようにして回転をかける

オーバーハンドサーブの基本は無回転のサーブだが、手を開いた状態でボールの上部をこするようにしてインパクトし、回転をかけるパターンもある。その場合は、トスを高めに上げる。

腰を捻りながら
腕を振り上げる

スイングの軌道の延長線上に
ボールを置いてインパクトする

腕を上から下へ振り、
ボールに力を伝える

コツ 1 球質で手の形を決める

手の形は、自分が打ちやすい形でよい。握りコブシ、手を開いた状態、親指を人差し指にくっつけた状態のどれでも手首を固定する。無回転サーブはボールの中心をまっすぐたたき、回転をかける時は上部をたたく。

コツ 2 インパクトするまで目で追う

オーバーハンドサーブをマスターする最大のポイントは、ボールの動きから目を離さないこと。インパクトする瞬間をよく確認して、当たり損なわないように意識することが大切。目線に入る位置でボールをとらえよう。

ボールの特徴を理解して、サーブに生かす

　バレーボールのボールは、プレーヤーの年齢によって主に3つのタイプに分けられている。小学生が「4号軽量球」、中学生および家庭婦人用（ママさんバレー）が「4号球」、一般…大学生…高校生用が「5号球」だ。4号軽量球と4号球はサイズは同じだが、小学生用の方がやや軽く、5号球は4号球より一回り大きい。

　中学や高校に進学したばかりの時期や、5号球からママさんバレーに転向したときは、ボールの大きさの変化に戸惑うこともあるかもしれない。そういうときこそ、日頃からウォーミングアップなどでボールを触る機会をできるだけ増やし、ボールに慣れるようにしたい。自分で購入する場合は、様々な厳しい基準をクリアした検定球を選ぶのが望ましい。

　バレーボールでは、ボールに回転をかけるか、かけないかによって球質が異なる。とくにサーブは、自分のタイミングで始められる唯一のプレーであり、一人でも練習ができる。試合や相手の状況を見極めた上で正確に打ち分けられるようにしよう。

PART3

レベルアップする
サーブ技術

ルーティンを取り入れる

常に同じ動作で
サーブの安定を保つ

CHECK POINT
①歩幅で正確な立ち位置を測る
②ルーティンを通じて動作のリズムを整える

トスを上げる前の段階　　トスを上げて感覚をつかむ　　トスの構えの位置に
　　　　　　　　　　　　　　　　　　　　　　　　ボールをもっていく

オリジナルのルーティンを作ろう

　サーブを打つ際、重要になるのが、狙ったところに打つ「正確性」、相手を崩す「効果率」、そしてミスがない「安定性」だ。安定性を保つには一定の決められた動作である「ルーティン」を取り入れて常に同じ動作を心がけることが重要。

　サーブの立ち位置、コートからの距離、打つまでの時間、トスのリズム、タイミングなど一定のルールを作り、それを守

れるようにして行動するとよい。自分がサーブを打ちやすいオリジナルのルーティンを作ってみよう。

　もちろん、試合会場や環境によっては、ルーティンを行えない場合も出てくる。そうなるといつもの習慣ができないことで逆に集中力を欠いてしまうことになりかねない。できれば、ルーティンは場所を選ばずにできるものが望ましいだろう。

⚠ CHECK サーブに集中するためのルーティン

　サーブでミスをしないコツは、メンタルを整えサーブに集中する状況を作ること。ボールに頭をつけて念じるなど自分なりのルーティンを決め、平常心で打てるように実践してみよう。

笛が鳴る前の準備段階

床にボールを打ちつける

ボールを整えて
サーブの準備

コツ 1 歩幅で正確な 立ち位置を測る

　自分が打ちやすいサーブの立ち位置は、エンドラインからどのくらいの歩幅で何歩なのか、あらかじめ測っておくと正確な位置を維持できる。サーブに入る前の準備動作として活用できるルーティンのひとつ。

コツ 2 ルーティンを通じて 動作のリズムを整える

　サーバーはいかに8秒の間に自分のリズム、タイミングをつくるかがベストなサーブにつながる。ボールの向きを整えたりボールを床についたりするなどの準備動作を入れ、サーブに向けて集中力を高めていこう。

POINT 18

サーブを工夫して相手レシーブを崩す

CHECK POINT

①レベルに応じてコートを分割して狙う
②サーブエリアの縦幅と横幅を利用
③トスの高さで変化をつける
④助走の方向と打つコースを変える

状況を見極めて効果のあるサーブを選択

正しいフォームでサーブを打てる技術が身についたら、次はいよいよ実戦だ。試合本番では、コート内に相手チームがいる。ただ単に自分が打ちたいサーブを打つのではなく、どんなサーブを打てば、相手のサーブレシーブが崩れて攻撃力を軽減できるのか、常に工夫することを心がけよう。

そのためには工夫の手段や引き出しを多く持っておくことが大切。狙うエリア、打つエリア、トスの高さ、助走の距離や角度など一つ変えるだけでも、サーブは変化する。試合の状況や環境、相手の状況を見極めて、ベストなサーブを選ぶことができるようにする。試合本番でサーブ順がまわってきたとき、即座に判断できる能力も身につけよう。

コツ1 レベルに応じてコートを分割して狙う

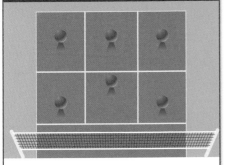

　狙いどころを定めるときはプレーヤーの背番号、エリアで共有する。レベルに応じてコートを分割し、初心者は左右もしくは前後2分割から3分割。中上級者は6分割から9分割して徐々にエリアを狭めていく。チームの作戦に従い、狙ったエリアへ正確に打てるようにしよう。

コツ2 サーブエリアの縦幅と横幅を利用

　縦3.5m、横9mのサーブエリアをフルに活用してサーブを打つ位置を変えていこう。縦の幅は距離、横の幅は角度が変わり、相手レシーバーにとってはそれだけでも見え方が異なる。サーブの特性によって、縦と横の有効性も変わってくるので、使い分けて相手に揺さぶりをかけていこう。

コツ3 トスの高さで変化をつける

　同じサーブを打つにしても、トスの高さを調整するだけでスイングのテンポ、タイミングを工夫することができる。また、それによりサーブのスピードや球威も変わってくるので、相手レシーバーを慣れさせないという意味では、気軽にできる変化の実践方法と言える。

コツ4 助走の方向と打つコースを変える

　より高度な方法だが、抜群の効果を得られるのが、助走の方向とサーブのコースを変えること。相手レシーバーにどこへ打つかを悟らせないのが最大のメリット。助走とサーブコースの組み合わせ次第で変幻自在のサーブを構成できる。自分に合った組み合わせを見つけるといいだろう。

POINT 19

相手のフォーメーションを崩す方法を考える

リベロ

セッター

相手のフォーメーションをどう崩すかがカギ

サーブの狙いどころの最大のテーマは、「相手のフォーメーションを崩す」ということ。直接サーブポイントを奪うことができなくても、「崩す」ことを念頭に置き、サーブの狙いを定めていこう。

「崩す」というのは、具体的にどんな状況を指すのか。まず第1に「相手のサーブレシーブ力、精度を落とす」、「セッターがトスアップしづらくする」「相手アタッカーの力を落とす、攻撃を限定させる」など。逆を言えば、自分たちがディフェンスしやすい状況を作るということだ。

サーバーはサーブエリアに立ったら、これらの条件に当てはまるポイントをまず探すこと。相手チームが嫌がる狙い目を見つけ出し、積極的に相手の弱点を突いていくことが、勝利への近道となる。

コツ 1 セッターの移動を狙って トスアップの精度を落とす

　相手セッターのトスの精度を落とすには、セッターが後衛からネット際に出てくる際、コート左奥を狙う。そうすることでサーブレシーブしたボールがセッターの後方から出てくるため、トスが上げづらい状況を作ることができる。サーブを打つ前にセッターの位置を確認することを忘れずに。

コツ 2 リベロは狙いから外して レシーブの精度を落とす

　相手チームのサーブレシーブ能力を落とすには、当然レシーブのスペシャリストであるリベロは外したほうがよい。相手リベロはそれを踏まえて守備範囲を広くとり、サーブレシーブ能力の低いプレーヤーのカバーに入ることも多い。サーブがリベロ側に寄らないように注意してコントロールしよう。

コツ 3 相手レシーバーの心理を 考えてサーブを打つ

　相手を惑わす、という意味で効果的なのが、相手チームの守備範囲が混在するところを狙っていく。プレーヤーとプレーヤーの間や、複数のプレーヤーの目線が重なり合う空間は、どちらのプレーヤーがとるのか判断する時間が生まれ、反応を遅らせる可能性がある。相手レシーバーの心理を利用していこう。

コツ 4 スパイカーの攻撃準備を 遅せる

　相手チームにいい形で攻撃をさせない状況を作り出すには、エーススパイカーを狙うこと。肩口を狙っていくと重心が後ろへ傾き、サーブレシーブした後の前進など、スパイクへの準備動作が遅れる。サーブを打つ際に相手のエーススパイカーがどの位置で構えているか確認して狙いを定めて打とう。

POINT 20

相手を左右に振って レシーブを崩す

CHECK POINT
① サーブの距離で変化をつける
② クロスコースで変化をつけていく
③ 肩口を狙ってプレッシャーをかける
④ レシーバーの左右を狙う

コースや角度を変幻自在に調整

　サーブは一つの立ち位置からストレートやクロスなどコースの幅をつけることができるが、サーブエリアのどの位置からでも自由に打つことができるため、立ち位置を変えてコースに変化を与えることもできる。

　サーブエリアの横幅はエンドライン9m内。立ち位置から狙うコース、角度によってサーブの距離がそれぞれ変わって

くるのが、最大の利点だ。相手チームはその都度、準備を強いられるため、プレーヤー間やライン際などコミュニケーションのミスが高まる可能性が出てくる。

　とくに助走の歩数を調整しやすいランニングジャンプサーブは、さらに有効。助走の距離やサーブの飛距離を相手チームの特性に合わせて細かく調整できるとよりいいだろう。

コツ 1 サーブの距離で変化をつける

コートの横幅を利用して、ストレート方向に打つかクロス方向に打つかによって、サーブの距離も異なる。例えば、左右のコーナーからストレートコースに打つよりもクロスコースに打つほうが距離は長い。同じフローターサーブを打つにしても球威が変わってくるので、変化をつけていこう。

コツ 2 クロスコースで変化をつけていく

サーブを打つ際、体の正面へストレートコースに打つと、相手レシーバーはサーブの軌道を予測しやすく、セッターへの返球率も高まる。レシーバーのリズムを狂わせるためにも、サーバーは積極的に9mの横幅を活用してクロスコースで変化をつけていく。ストレートコースのサーブは、連続サーブの合間に1本打つといいだろう。

コツ 3 肩口を狙ってプレッシャーをかける

相手のサーブレシーブに少しでもプレッシャーをかけたいときは、できる限りライン側にいるレシーバーを狙っていこう。サイドライン側の肩口を狙っていくとセッターからの距離も離れるので、より返球も難しくなる。クロスの幅を利かせてレシーバーの肩口に差し込むようなサーブを打っていこう。

コツ 4 レシーバーの左右を狙う

相手レシーバーにとっては、サーブの軌道に横幅をつけられると隣のプレーヤーとの連携が必要となる。できれば、レシーバーの正面ではなく、レシーバーの左右サイドを狙う。守備範囲に揺さぶりをかけていくことで、相手のフォーメーションの穴を見つけていこう。

POINT 21 ロングサーブとショートサーブを使い分ける

CHECK POINT
① コートによって違うサーブエリアをチェック
② ショートサーブでネット際を狙う
③ ロングジャンプサーブで力強いボールを打つ
④ コートの奥行を使って揺さぶる

ロングサーブとショートサーブを使い分ける

　サーブエリアの縦幅は試合会場によってまちまち。最低 3.5m（国際基準は 6.5m）と決められているが、その会場の特性を利用して立ち位置を調整することで、サーブの飛距離に変化をつけることが可能になる。エンドラインギリギリで打てば、飛距離の短いショートサーブ、サーブエリア後方で打てば、飛距離の長いロングサーブとなり、相手チームに揺さぶりをかけられる。

　肩が強く、筋力のあるプレーヤーは、立ち位置を後方に下げたロングサーブが有効。ボールが空中に長く浮く分、空気抵抗でボールの変化量が増し落下地点が予測しにくい。

　強い球質のロングサーブを基本とし、ときには相手レシーバーのリズムを狂わせるため、緩急を使い分けてみよう。

コツ 1 コートによって違う サーブエリアをチェック

試合会場によってサーブエリアの縦幅は異なる。会場に着いたら必ず幅をチェックし、ウォーミングアップなどで距離の感覚を確かめる習慣をつけておこう。常にベストな位置で打つにはエンドラインから自分の歩幅で歩数を測り、決めておくこと。毎回正確な位置で打てるようにする。

コツ 2 ショートサーブで ネット際を狙う

飛距離が短いショートサーブは緩い軌道となるため、その分レシーバーを動かしてミスを誘うことが可能だ。理想は、レシーバーが大きく前進しなければいけないネット際。一見、スローでふんわりとした軌道でチャンスボールに見えるが、通常のサーブとリズムが変わるため、ミスを誘いやすい。確実に狙えるように練習しよう。

コツ 3 ロングジャンプサーブで 力強いボールを打つ

サーブの飛距離が長い、パワーのあるプレーヤーは、ロングジャンプサーブの技術を身につけよう。距離を伸ばしてサーブの威力が落ちてしまったら意味がないので、少しずつ打つ位置を下げて、ボールに力が十分伝わり、落下速度をキープできるベストな位置を探っていこう。

コツ 4 コートの奥行を使って 揺さぶる

ロングサーブの特長は、1人もしくは2人のレシーバーに対してコートの奥行を使って相手に揺さぶりをかけられる点だ。ショートサーブ、ロングサーブそれぞれを使いわけて、コートの前方、後方、エンドライン際を狙えるのが理想。縦のスペースでレシーバーを動かし、相手のジャッジミスを誘おう。

POINT 22
トスの高さに変化をつけて相手のタイミングを外す

低いトス

CHECK POINT
①トスの頂点に対してインパクト位置を決める
②コントロールできるトスを見つける

相手レシーバーのタイミングを外す

相手のレシーバーは、サーバーのトスの状態、インパクトの方向などを確認し、サーブのコースをある程度、予測して準備に入る。その準備を惑わすための一つの手段が、トスのバリエーションである。トスの高さによってボールをインパクトするタイミングが変わり、相手レシーバーはそれに合わせてその都度、調整する必要が出てくる。

とくに高いトスが活きて変化をつけられるサーブは、ジャンプサーブだろう。ジャンプ力があるプレーヤーは、スパイクと同じフォームを心がけ、高い打点から打ちおろすと落下速度を利用したパワーのあるサーブを打つことができる。低いトスに関しては、高いトスと比べて球威は緩くなるが、その分ミスのリスクは低くなる。

高いトス

コツ 1 トスの頂点に対してインパクト位置を決める

ジャンプサーブは、踏み切ってからの滞空力がポイント。それを生かすトスをあげることが最大のコツになる。トスの頂点に対して、体が前方か後方にずれないように、インパクトできる位置をチェックしよう。

コツ 2 コントロールできるトスを見つける

ジャンプサーブは威力が見込めて相手を崩せるハイリターンを狙えるが、その分ハイリスクを秘めているサーブ。大事な場面でのサーブミスは避けたいので、常にコントロールできるトスの高さを見つけよう。

57

助走コースの変化

相手の観察力を逆手にとって狙う

ストレート x ストレート

CHECK POINT
① 助走から流れるようにサーブを打つ
② 基本的なフォームを変えずに打つ

エンドラインに向かって垂直に助走スタート

助走した方向、体の正面でインパクト

相手レシーバーの判断を遅らせる

　相手のレシーバーは、サーブで崩されないためにサーバーの動きを観察してくる。とくにサーバーの体の向きは、サーブのコースをある程度、予測できる手段だ。相手レシーバーの視点を惑わすにはそこを逆手にとり、助走の方向と打つコースに工夫を凝らしていく。

　とくに有効なのが、助走のコースや距離を調整しやすいランニングジャンプサーブ。まっすぐ助走に入り、ストレートまたクロスに打つパターン、またはクロス方向に助走しストレートに打つパターン、さらにクロス方向に助走し逆サイドのクロスへ打つパターンなど、何通りものサーブを打つことができる。

　組み合わせを変えることで、相手レシーバーの判断と準備を遅らせて、レシーブのフォーメーションを崩すことができる。

CHECK

サーブの種類は無限大

ここで紹介した以外にも、助走コース、打つコースの組み合わせを自分で考えてみよう。同じクロスコースへ打つにも、浅め、深めなど変化をつけられる。最強のサーブを見つけよう。

ストレート x クロス

エンドラインに向かって垂直に助走スタート

クロス方向へ体をひねってインパクト

コツ 1 助走から流れるようにサーブを打つ

ランニングジャンプサーブでは、助走から流れるように打つこと。一つ一つの動きが止まらず、かつ体が横方向へ流され過ぎないようにスムーズな動きでインパクトまでもっていくのがコツ。

コツ 2 基本的なフォームを変えずに打つ

どの助走からどのコースに打っても、基本的にサーブのフォームは変えないように心がける。その都度、変わってしまっては相手レシーバーに癖を読み取られ、コースがわかってしまうので注意しよう。

クロス x ストレート

コートの隅から
クロス方向に
助走する

インパクトは体の正面で
ストレートに打つ

クロス x クロス

コートの隅から
クロス方向に
助走する

インパクトで体を
ひねってクロス
方向にヒットする

PART4

戦術

戦術にフィットする サーブを仕掛ける

CHECK POINT
① セッターがトスアップしづらい所を狙う
② セッターの準備を遅らせて攻撃をしぼる
③ 相手エースを自由に打たせない
④ 相手の状況をよく見極める

チームの特性を踏まえてサーブ戦術を立てる

サーブの大きな役割は、相手チームの攻撃フォーメーションを崩し、自分たちがディフェンスしやすい状況を作り上げること。そして、ディフェンスを成功させて攻撃を決めていくという攻守全体の「戦術」につながっていく。

したがって、サーブ力のアップ、サーブの技術向上が、戦術を成功させるための大きな鍵を握っている。

サーブ戦術の立て方は、チームの特性によってブロック力や、レシーブ力、攻撃力などそれぞれの力を踏まえた上で、狙いどころが変わる。サーバーは、まずチームが掲げている戦術に対して、自分がどんなサーブで攻めるのか、前もってチームメイトと共有しておこう。チームの戦術にフィットするサーブを自ら選択することが重要になる。

コツ 1 セッターがトスアップ しづらい所を狙う

　自チームの平均身長やブロック力が低い チームは、相手チームの攻撃力を少しでも 軽減させて、相手の攻撃を絞ってブロック の確率を上げたいところ。その戦術の根本 となるのは、いい形で相手セッターにトス アップをさせないという意識だ。サーブレ シーブの軌道を計算してトスアップしづら いところを狙っていく。

コツ 2 セッターの準備を遅らせて 攻撃をしぼる

　相手セッターは前衛時、ネット際で構え るが、後衛時にはサーブが打たれてから コート後方からネット際に移動する。その ローテーションをサーブ戦術に利用し、 セッターのミスを誘っていく。セッターの 準備動作が崩れれば、タイミングが生命線 となる速いコンビネーション攻撃を使うの は難しくなる。

コツ 3 相手エースを自由に 打たせない

　相手チームに非の打ちどころがない大 エースがいる場合は、いかにサーブで負荷 を与えて攻撃力を低下させ、ミスを誘える かがポイント。エースアタッカーが苦手に しているサーブのコースを研究し、執拗に 狙って心理的にも負荷をかけていく。サー ブを打つ前にエースアタッカーが構える位 置を確認しよう。

コツ 4 相手の状況を よく見極める

　戦術は決して自分たちのチームありきで はない。相手がいて初めて戦術が成り立つ。 サーブ戦術も相手チームの状況をよく見極 めて、それに合わせて仕掛けていくことが 望ましい。そのとき、空いているスペース や相手のフォーメーションの中で弱点を見 つけられる判断力を磨いていこう。

サーブ戦術①

ライト側を狙い
攻撃の選択肢を減らす

セッターのトスアップしづらい状況を利用する

　サーブレシーブがスムーズに返球され、セッターの体勢が整った状態での攻撃は、相手の思うツボ。相手の攻撃を絞り切れず、自分たちのブロックとレシーブが機能しなくなってしまう。その状況を回避するため、サーブを打つ際はセッターのトスアップしづらい状況を狙っていこう。

　通常、セッターはレフト側を向いて構える。サーブでライト側を狙うとサーブレシーブの返球がセッターの背後からきてボールが視界から外れるため、セッターにとってトスアップしづらい状況が生まれる。

　とくにサーブレシーブが乱れてセッターの体勢が崩れた状態でのトスアップは、攻撃を限定しやすい。

サーブ戦術②

セッターの出どころを
狙って準備を遅らせる

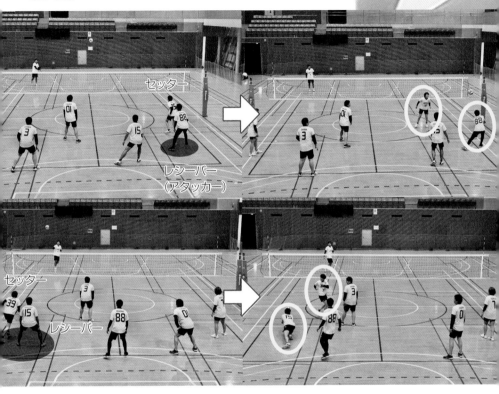

セッター
レシーバー
（アタッカー）

セッター
レシーバー

セッターの動きを読んで次のプレーにつなげる

　セッターが後衛にまわってトスアップする際、ネット際に移動してくる所を狙うのも有効だ。セッターのトスアップの体勢を崩せる可能性が高い。

　セッターは自分に向かってくるサーブの軌道、サーブレシーブするプレーヤー、両方を視野に入れなければいけない。その分ボールの下に入るのが遅れる。セッターとアタッカーが、クイッ

クや平行攻撃などのテンポの速いコンビネーションに合わせづらくなるため、攻撃の選択肢を減らすことができる。

　サーブレシーブが崩れてボールがネットから離れたら、セッターの移動距離が長くなり、ネットから離れた二段トスになる可能性が高い。それに対応したディフェンス体系を組む。

サーブ戦術③

ミドルブロッカーを直接狙っていく

ミドルブロッカー

相手の攻撃が絞りきれない

NG

ミドルブロッカー

コート前方を狙って攻撃を絞る

　自分たちがブロックを絞れる手段として最良なのは、相手チームにクイック攻撃を使わせないことだ。その可能性を高めるため、前衛のミドルブロッカーをサーブで直接狙い、サーブレシーブをさせる。実はポジションの特性上、サーブレシーブを苦手とするミドルブロッカーは少なくない。

　アタックライン付近にいる相手のミドルブロッカーをサーブで揺さぶっていく。自チームのミドルブロッカーは、相手セッターがクイックを使うか、使わないかを見極めて判断することが大切。クイックを使わないと判断したら、ブロックはサイドに寄せて必ずマークする。またサーブレシーブが乱れて自陣のコートに1本で返球されることもあるので注意しよう。

POINT 28
相手のエースアタッカーに負荷を与える

NG

十分な体勢でアタックに入られる

相手のエースアタッカーに自由に打たせない

　相手の得点力が高く攻撃力を低下させたいときは、相手のエースアタッカーの前後左右を執拗に狙い、ストレスをかけていくのが効果的。サーブで揺さぶりをかけて決してベストな状態でアタックを打たせないことに徹しよう。

　ミドルブロッカーは、相手アタッカーのサーブレシーブ時の体勢をよく確認する。体勢が崩れているときはアタッ

カーの重心がどの方向に傾いているのかで、準備に要する時間が変わってくるからだ。大幅に準備に時間がかかるようなら、平行攻撃などの速いコンビネーションの選択は消えるので、ブロックの狙いをオープントスに定める。

　相手アタッカーに負荷を与えながら、フォームの癖などをしっかり観察してディフェンスの戦術に活かしていこう。

POINT 29

スペースを上手に使って サーブを落とす

コート前方のスペースに狙いを定める

　サーブ戦術を立てるうえで重要なのは、相手チームの状況を把握すること。自分たち本意ではなく、相手ありきで考える。サーバーは相手のフォーメーションや表情などをしっかり観察して弱点を見つける癖をつけよう。

　弱点の狙いどころとなるのは、空いているスペースだ。パワーサーブ、ロングサーブ、ジャンプサーブなどを得意とするサーバーに対して、相手チームはコート後方にポジション取りする傾向がある。

　サーバーはコート前方のスペースが空いていると判断したら、パワーサーブに見せかけるようにして力を抜いてコート前方に落としていく。

POINT 30 アタッカーのポジションを逆手にとって攻める

アタッカーのポジションを確認する

　相手チームのサーブレシーブフォーメーションとしてありがちなのは、サイドアタッカーがライン際まで開いている状況だ。これはアタッカーが攻撃の準備を早く意識し過ぎてポジションをとるために起こる例。この状況をうまく戦術に活用していこう。

　アタッカーの攻撃力を低下させたいときは、一刻も早く攻撃の助走に入りたいアタッカーをめがけてサーブを打つ。顔の正面だとオーバーハンドでサーブレシーブされてしまう可能性があるので、アタッカーの肩口や下方を狙って体勢を崩そう。

　また、アタッカーとミドルにいるプレーヤーの間を狙うのも効果的。アタッカーがとらなければ、と思わせる状況を作り、守備範囲を惑わすのも有効だ。

POINT 31
意表をつくサーブで判断ミスを誘う

コート後方に狙いを定める

　ジャンプフローターサーブやランニングジャンプサーブなどボールが変化するサーブに対して、相手チームはコート前方にシフトしてフォーメーションを組む傾向がある。サーブの位置からコート奥は見えづらいが、プレーヤーからエンドラインのスペースが空いているため、コート後方は狙い目だ。

　プレーヤーとプレーヤーの間を通る

ようにしてライン上を狙うのが効果的。どちらがサーブレシーブするのかサーブがインかアウトかの判断が求められるため、ジャッジミスを誘いやすい。ライン手前で変化して落下するようなサーブを積極的に打っていく。相手のフォーメーションがコート後方へシフトしてきたら、すかさずコート前方を狙い、相手の陣形を動かしていこう。

相手の姿勢が
崩れたタイミングを狙う

8秒を有効に使ってサーブ

サーブは審判の笛が鳴ってから8秒以内で打つことが決められている。この8秒間をフルに使うか使わないかは、サーバー次第だ。なかでも最も有効なのが、8秒をギリギリまでじっくり使って打つサーブ。

8秒の間、相手レシーバーはいつサーブを打つのかと、集中しなければならない。ここで我慢できずに腰が浮いた

り、気を抜いたり、集中力を切らすプレーヤーもいる。

その瞬間を見逃さず、構えの体勢が崩れ、目線が外れているプレーヤーを狙って鋭いサーブを打っていこう。これは、レシーバーとの駆け引きの勝負となるが、相手の心理を戦術に活かしていくことも大きなポイントとなる。

タイムアウトで試合の流れを変える

タイムアウトを上手に使って試合に勝つ

　試合中の「タイムアウト」は、作戦の駆け引きに使うことができる。例えば、相手チームは得点力の高いサーバーを警戒。打つ前にタイムを要求してくることもある。一度サーブの流れが切れるため、ネガティブにとりがちだが、戦術の共有、チーム全体の意思統一を図れるチャンスとしてとらえよう。サーバーは仕切り直しとなるが、ルーティ ンを活用し自分のリズムを整え、ミスなくサーブを打とう。

　相手チームは、例えば連続得点をされてリードを奪われているとき、サーバーが構える直前にタイムアウトを要求して、ストレスを与えようとすることもある。サーバーは冷静を心がけ、タイムアウトあけは打つタイミングを変えるなど変化をつけていこう。

試合中の「間」を使って チームの意思疎通をはかる

ボールデッド時はブロッカーのサインを確認する

　得点が入りボールデッドの後から サーブのホイッスルまで 8 秒間の時間 がある。ボールが外に出たら、まず次 のプレーの準備。サーバーはブロッカー のサインを確認し、戦術の意図をいち 早く理解して、サーブへの集中力を高 めていこう。

　サーブに自信がないプレーヤーは、 試合中の「間」を利用してチームメイ トと積極的にコミュニケーションを 図っていこう。狙いどころやブロック のケアなど、あらかじめ意識してほし いことを伝えておく。

　さらに各セット間にあるインターバ ルは 3 分。前のセットをとられたチー ムは、悪い流れを断ち切るため、この 3 分をどう使うかがターニングポイン トとなる。

サーブ戦術⑪会場の雰囲気

会場やコートまわりの広さを事前にチェックする

サーブエリアの広さはサーブに大きくかかわる

　試合で勝つためにチームで戦術を練る作業は、いわゆる準備の一つ。万全な状態で試合に挑むため、いろいろな準備が必要になってくる。中でも大切になってくるのは、どんな会場でプレーするのか、試合環境を確認しておくことだ。

　初めてプレーする会場は、あらかじめ下見をしてチェック。会場の特徴を

チームで共有し、イメージしてサーブ練習に取り組んでおこう。

　特にコートの周りのエリア、サーブエリアは体育館の広さやコートの面数によって異なる。普段、ロングサーブやジャンプサーブを多用するプレーヤーは、サーブエリアの縦幅をしっかりチェックしておく。

万全の準備で
サーブエリアに立つ

空調の強さと流れ、照明の明るさをチェックする

サーブの球質に最も影響するのは、ボールに当たる空気の状況。それによってサーブの強弱を調整する必要も出てくるためだ。体育館内は季節に合わせて空調機が作動している。機械の位置によっては、コート上にも微風が流れている場合もあるので、まず体育館に着いたら、空調の強さ、流れをチェックしておこう。

空調とともにチェックしたいのが、照明の明るさと位置、それに対するサーブへの影響だ。ジャンプサーブなど高いトスを利用するサーブでは、照明の光がトスボールを遮ってしまうという可能性もある。

ウォーミングアップの時にしっかり把握しておき、プレーヤーは光が遮らない位置からサーブを打とう。

サーブ戦術⑬ スカウティング

POINT 37
サーブ効果率と
サーブレシーブ返球率を分析する

CHECK POINT
① サーブレシーブの質を評価する
② サーブレシーブ返球率の算出方法
③ サーブ効果率の算出方法

サーブレシーブフェイズでのデータ例	R1	R2	R3	R4	R5	R6
相手サーブ数	16	9	11	12	8	10
サーブレシーブからの決定率	38%	83%	44%	55%	43%	33%
サイドアウト率(ラリーを制した確率)	56%	89%	73%	58%	75%	70%
Aパス率	50%	57%	89%	58%	38%	60%
Aパスからの決定率	25%	75%	50%	71%	67%	50%
Bパス率	38%	14%	11%	17%	50%	20%
Bパスからの決定率	33%	100%	0%	50%	25%	0%
Cパス率	12%	14%	0%	25%	0%	10%
Cパスからの決定率	100%	100%	----	0%	----	0%

データをとって戦術に活用する

　戦術を立てるうえで参考になるのは、試合におけるデータを収集して分析する「スカウティング」である。サーブの戦術に活かす際、重要になってくるのは、自チームのサーブ効果率とそれに対する相手チームのサーブレシーブ返球率。サーブレシーブをA、B、Cの3段階に評価してそれぞれの率を算出する。それらのデータを理解すること

で、どんなサーブが効果あるのか、弱点などが浮き彫りになり、サーブの狙いが明確になる。

　相手のサーブレシーブにおいては、「プレーヤー」、「エリア」、「ローテーション」ごとに、それぞれ返球率を出しておくとよい。そうすることでサーブの狙いが細分化されて、その状況に合わせたサーブを打つことが可能となる。

コツ 1 サーブレシーブの質を評価する

　サーブレシーブの評価は、3段階に分けられる。もっとも質の高いパスから順番にAパス（セッターの位置に正確に返球され、コンビを組み立てられる）。Bパス（セッターを動かすが、コンビの組み立てが可能）、Cパス（トスは可能だが速い攻撃が組み立てられない）。サーブレシーブの質を見極めてデータを収集しよう。

コツ 2 サーブレシーブ返球率の算出方法

　サーブレシーブの評価を元にサーブレシーブの返球率を出していく。まず、総サーブレシーブ数を出し、AパスとBパスの本数を足して割る。それに100を掛けてサーブレシーブ返球率を算出する。

＜サーブレシーブ返球率の算出方法＞
Aパス・Bパスの本数　÷　総サーブレシーブ本数　×　100

コツ 3 サーブ効果率の算出方法

　サーブ効果率は、相手チームのCパス、失点などの本数を足して、総サーブ数で割る。それに100をかけると効果率を出すことができる。

＜サーブ効果率の算出方法＞
Cパス以下の本数÷総サーブ本数×100

CHECK 戦術に活かせるデータはすべて収集する

　サーブにおいては効果率のほかに、「得点率」やサーブの「始点」、「コース」、「落下地点」などもプレーヤーごとにデータを収集しておくといいだろう。また相手チームのサーブレシーブの弱点を探す際、相手プレーヤーが体のどこでボールコンタクトをしたか収集しておくと得手不得手を見つけることができる。

POINT 38

状況に応じた判断で
サーブを打ち分ける

CHECK POINT
① 確実性のあるサーブを打つ場面
② 積極的に攻めるサーブを打つ場面
③ 得点や相手の状況を見て使い分ける

自分の能力と戦術をすり合わせる

　練習では鋭いサーブが打てるのに、試合では緊張してしまってミスで終わってしまうと悩んでいるプレーヤーも少なくないのではないだろうか。

　緊張を打ち破る方法は、自分の意識と動作をコントロールするところにある。自分の実力以上のことを発揮しようとすれば心と体はバラバラになる。普段の練習から状況を見極めて、迷いなく動作することに徹しよう。

　理想は、連続でサーブを打ち続けられるように連続得点および効果を狙うことだが、まずは目の前に1本に集中。そして例えサーブミスをしても引きずらないことが大切だ。気持ちを切り替えて、自分のサーブ能力と戦術をすり合わせていこう。

コツ 1 確実性のあるサーブを打つ場面

　自分のチームがリードを奪われる劣勢の中、この場面ではミスできないと判断したら、確実性のあるサーブを打つことが先決。例えサーブの威力が弱くても、相手コートにさえボールが入れば、相手チームが攻撃をミスしたり、味方がブロックするなど、得点できる可能性もある。サーブを安全にきっちり入れていくことに徹しよう。

コツ 2 積極的に攻めるサーブを打つ場面

　自分たちのチームが大量リードし連続得点しているときは、エンドライン、サイドライン際、ネットインなど厳しいところを狙って打っていく。仮にミスをしたとしても、相手にどこを狙って打っているのか、見せることも駆け引きを行っていくうえでのコツ。次のサーブで相手レシーバーが警戒しているようであれば、その逆をつく。

コツ 3 得点や相手の状況を見て使い分ける

　自分たちのチームの攻守のリズムがいいときは、サーブの順番がまわってきたときもそのリズムを損なわないタイミングで打つことが大切だ。スピーディーな展開で進んでいればホイッスル後、間髪入れずに打つ。負けている相手をさらにじらしたいときは、8秒を使ってゆっくり時間をとって打つ。得点や相手の状況で使い分けよう。

CHECK 自分の持ち球のバリエーションを増やす

　サーブの目標は、チームの戦術を実行できる効果的なサーブを打つこと。その戦術にフィットするようなサーブを選択できるように多種多様な持ち球があったほうがいい。その中でも自分の最大の武器となるサーブを磨き、さらに相手の戦術を惑わせる見せ球を含め、自分の持ち球のバリエーションを増やそう。

相手チームの死角をついて効果率アップ

サーブの軌道が読まれない工夫をする

　ルール上、サーバーがサーブを打つ際、1人のプレーヤーまたは集団でサーバーおよびサーブのコースが見えないようにすることは、「スクリーン」の反則となる。具体的にいうと、サーバーの味方のプレーヤーがネット際で腕を揺り動かしたり、飛び跳ねたり、左右に動くことをいう。

　意図的にサーバー、ブロッカーが集団で妨害することは反則となるが、サーバーは状況を見極めて反則にならないギリギリのラインで相手の死角を突いていく。そうすることで、相手レシーバーにサーブの軌道の判断を少しでも遅らせることができる。効果率を高めるために、ネット際に立っている味方のミドルブロッカーの位置を把握し、サーブの打ち方を工夫する。

PART5

サーブの
トレーニング

POINT 40
弱点を克服して 得意なところを伸ばす

CHECK POINT

① 1人でも着実にレベルアップできる
② 試合を想定して練習に取り組む
③ ミスを分析して課題を克服
④ 技術をセパレートして反復練習

練習の目的を明確にし、課題をクリアしていくことでサーブ技術を高めていく。

目的をもって練習に取り組む

　サーブは、自ら得点を狙えてチームに貢献できるプレー。誰もが「ミスをせず、いいサーブを打ちたい」はずであり、レベルアップしたいゆえの弱点や悩みを抱えているだろう。「狙ったところにサーブがいかない」「サーブミスが多い」など課題をピックアップし、目的をもってサーブ練習に取り組むことが上達の近道だ。

　少しずつ弱点を克服したら、自分のサーブの特長を把握し、いい部分を磨いて高い確率で効果的なサーブを打てるようにする。サーブは打つ位置、助走の距離、幅を変えるだけでも、相手にとっては違うサーブに見える。さらにスピードサーブや変化量の多いサーブを仕掛けて、相手を慣れさせないことが相手のミスを誘うポイントになる。

コツ 1　1人でも着実に　レベルアップできる

　サーブ練習の最大の特長は、チームメイトやパートナーがいなくても1人でも練習に取り組めること。ネットがないときは壁に向かって打てば、ボール1個で練習できるため、練習環境は言い訳にできない。しっかり練習を積み重ねれば、技術は必ず身につくので、できることから取り組んでみよう。

コツ 2　試合を想定して　練習に取り組む

　サーブ練習で最も大切なのは、常に試合を想定して練習に取り組むこと。リードしているとき、負けているとき、競り合っているときなど、各場面でどんなサーブを打てば、相手を崩せるのか意識しよう。コートやネットに工夫を凝らすことで、練習の質をあげてレベルアップする。

コツ 3　ミスを分析して　課題を克服

　サーブミスの多さに悩んでいるプレーヤーは、どんな状況で起きているミスなのかを自己分析してみよう。ラインを割るアウトボールが多いプレーヤーは、どの方向に打っているときにアウトが発生するのか。ネットにかかってしまうプレーヤーはネットのどの辺りにボールが当たっているのか確認して練習に反映しよう。

コツ 4　技術をセパレートして　反復練習

　「正確なトスが上げられない」「ボールをうまくたたけない」などそれぞれ課題が明確ならば、「トス」と「スイング」をセパレートして練習に取り組んでみると弱点克服に集中することができる。ひとつずつ技術をマスターしていくことで、自信にもつながってくる。練習の数は嘘をつかないので、段階を踏んで成長していこう。

常に同じところにトスを上げる

トスあげ

CHECK POINT
①腕の動きを最小限に抑える
②目をつぶってサーブを打つ

高い位置からボールを
放しトスを上げる

ボールは打たずに
その場に落下させる

トスを上げる構えの準備

ボールインパクトの土台となるトス

サーブ全般に言えるのが、トスの重要性だ。正確にボールをインパクトする土台となるため、どんな場面でもぶれたり揺れたりすることのないトスを上げることが求められる。常に安定したトスを上げるには、毎回同じ動作で上げることがポイント。構える位置、高さ、トスする際の腕の動作、角度、ボールの高さ、強さを毎回一定にして、効果的なサーブを狙えるようにする。

まずはサーブを打たずにトスのみ、繰り返し上げて練習。ジャンプ系のサーブのトスは体育館の壁に目印などを貼り、毎回同じ位置に上げられるように。

平常の状態で動きが身についてきたら、心拍数を高めた状態でも練習。いつどんな場面でも、同じトスを上げられる能力を身につけていこう。

CHECK 同じ位置に落下させる

　トスを上げて、サーブを打たずにボールを落とす練習は、ボールが落ちた位置をしっかり確認しておく。位置が毎回変わってしまうようでは安定していない。同じ位置に落下させよう。

目をつぶってトス

目をつぶって
トスをあげる

目をつぶった
状態で
スイング体勢へ

感覚を頼りに
ボールを
インパクトする

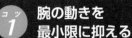

コツ 1 腕の動きを
最小限に抑える

　フローターサーブのトス練習は、ボールさえあれば、場所を選ばずに実践可能。ヒジをしっかり伸ばしてボールをヒットする位置にボールを掲げておく。トスを安定させるには、あげる動作をできるだけ最小限に抑えよう。

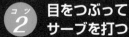

コツ 2 目をつぶって
サーブを打つ

　正確なトスの動作が身についているかどうか確認する練習。目をつぶった状態でトスを上げてサーブを打ってみよう。その状態でも狙った位置に打つことができれば、正確なトス、インパクトができている証拠となる。

POINT 42

スムーズなスイングの動きを身につける

インパクト位置の確認

パートナーにボールを
持ってもらい向き合う

ヒジを下げず、
スイングの準備体勢へ

まっすぐボールの
中心をたたく

ヒジの位置は下げないように意識する

スイングは、ヒジの動きと高さがポイント。練習では常にボールをインパクトするまでのヒジの動きを意識する。正確なトスをあげても、ヒジの位置が下がってしまうとスイングのタイミングが遅れ、打点が下がって効果的なサーブにつながらない。ここで紹介するすべての練習において、ヒジが下がらないように注意することが大切だ。

また、すばやいスイングを身につけるには、スムーズに腕を動かす必要がある。通常のバレーボールだと大きすぎて掴むことができないため、小さいボールを利用して握った状態でスイングしてボールを投げる。ヒジの動きが滞らないように、ヒジを柔らかく使うことを意識して練習に取り組もう。

手を頭のうしろに置く

手のひらを頭の
後部へ置いて構える

ヒジの位置は耳と
平行の高さに保ち
スイング

高い打点で
ボールを
インパクトする

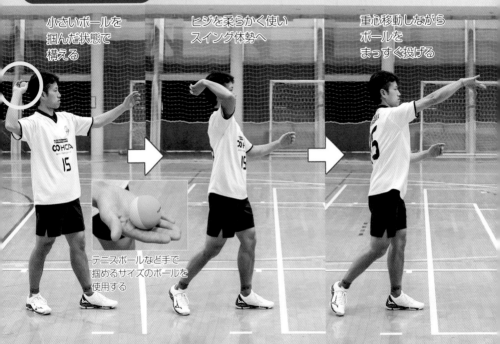

小さいボールを投げる

小さいボールを
掴んだ状態で
構える

ヒジを柔らかく使い
スイング体勢へ

重心移動しながら
ボールを
まっすぐ投げる

テニスボールなど手で
掴めるサイズのボールを
使用する

コントロール
サーブの精度をアップさせる

白帯とゴムの間を通す

CHECK POINT
①ネット上すれすれの目標を作る
②落下地点に目標物を置く

①白帯とゴムの間をサーブで通す

②低くコントロールされたボールを打つ

目標物を設置してコースの狙いを絞る

　サーブのコースは、ネット上の軌道の高さ、ネットの幅9mを使った横幅と、落下地点など組み合わせれば、幾通りものサーブを打ち分けることができる。練習に取り組むときは、目標物を設置しコースを限定することで、狙いが絞れて集中することができる。

　「白帯とゴムの間を通す」練習は、低い弾道を身につけるためにゴムより下を狙って打つ。「アンテナの間を通す」練習は、狙いたいコース幅に2本のアンテナを設置してその間に打てるように練習を重ねる。また、コートにカラーコーンを置いて落下地点を狙う練習は、狙いたい位置に打ったとき、ネット上のどこを通過したか、確認しておくこと。狙いをつけるときの目安になるので意識して打ってみよう。

サイドのアンテナから1mくらい離した位置にアンテナをつける。アンテナの中に向かってサーブを打つ。慣れてきたら少しずつアンテナの間隔を狭めていき、難度を上げていこう。

アンテナ間を通す

アンテナの間に狙いを定めてスイング

アンテナの間をボールが通過

コツ 1 ネット上すれすれの目標を作る

アンテナにぬられている10cm幅の白と赤のマーキングを目安にして、ネット白帯から3つ目の高さにゴムを張る。ゴムより下にボールを通過させる。最初は高い位置から始めてもよい。少しずつ低くしていこう。

コツ 2 落下地点に目標物を置く

コート上、アタックライン前付近の両サイド、エンドラインより少し手前の両サイドにカラーコーンを置き、そこを狙ってサーブを打ちコーンにボールを当てる。サイドライン際の前方、後方を狙えるようにしよう。

ネットミス

ネットギリギリの威力ある サーブを打ち込む

CHECK POINT
①コート前方から検証を始める
②少しずつ距離を伸ばしていく
③手首はインパクトの直前で固める
④高く打ちあげないように意識

ヒジが下がらないように
スイング

ネット上すれすれを
狙って打つ

正しいフォームが崩れる距離を見つける

　際どいサーブを狙えば狙うほど、ネットにかかってしまう確率は高くなる。ネットにかかってしまうと相手チームに1点を献上し、結果的に自分たちの流れを失うことにもつながる。

　ミスを極力減らすためには、ネットの高さとネットまでの距離感を体にしみ込ませる練習を重ねることが必要だ。

　まずは、自己診断。最初はコート前方、

ネットの近くからサーブを打ち、少しずつ距離を離していく。

　そのとき、距離を伸ばそうとして力みが生じて、フォームが崩れてしまうポイントがないかを検証する。そこから正しいフォームを維持できるまでその位置でサーブ練習を繰り返す。

コツ 1 コート前方から検証を始める

　最初はコート前方、アタックライン付近からサーブを打ってみる。通常のサーブ位置とは異なるが、エンドラインから打つ意識で打ってみる。体が力むことなくスムーズにスイングできれば、OK。さらに2mほど下がって距離を伸ばして打ち、違和感なく打てるかどうか検証してみよう。

コツ 2 少しずつ距離を伸ばしていく

　少しずつエンドライン方向へ飛距離を伸ばしていく。スイングする際、少しでもフォームが崩れていると感じたら、現時点では、その位置が課題を克服するための目安の距離となる。その位置から、ネットにかからないパーフェクトサーブを目指して反復練習に取り組もう。

コツ 3 手首はインパクトの直前で固める

　威力のあるサーブを打つには、スイングで生み出した力をボールに伝えることが大切。インパクトの瞬間に手首がボールに負けないよう、スイングの始動後から徐々に手首を固めておく。しっかり手首を固めた状態でのスムーズなインパクトを心がけよう。

コツ 4 高く打ちあげないように意識

　ネットにかかることを恐れて、サーブの軌道が山なりになり、高く打ち上げすぎてしまうのは悪い例。軌道が高くなると相手チームに判断する時間を与えてしまい、取りづらいという印象を与えることができない。軌道は平行線を保ったまま、ネットを越えるサーブを目指そう。

コントロール

POINT **45**

壁当てでスイングや インパクト感覚を身につける

CHECK POINT
① パートナーに向かって打つ
② 自分にベストなトスの高さを探る
③ コースやスピードが甘くならないように注意

フォームを安定させてコントロールする

　ネットがなくてもすぐに練習に取り組めるのが、「壁打ち」練習。自分がサーブエリアに立っていることを想定し、壁に向かってサーブを打つ。打ったボールが自分に返ってくるように、体からまっすぐ打つ感覚を身につけるのが目的だ。

　最初は、コースの正確性を重視。慣れてきたらボールを強くインパクトし

ていく。さらに難易度を高めるには、壁から離れるようにして打つ。

　フローターサーブだけではなく、ジャンプフローターサーブ、ランニングジャンプフローターサーブ、ジャンプサーブなども練習可能。踏み切る位置をあらかじめ決めておき、最初は壁に向かってフォームの安定を図り、正確なコントロールを身につけていくとよい。

コツ 1 パートナーに向かって打つ

　ボールコントロール力を高めるために、練習でも少しずつハードルを上げていこう。対人パスと同じ要領で2人1組になってエンドラインとネット際に立って向き合う。サーバーはパートナーが真正面でキャッチできるようにコントロールしてサーブを打つ。ピンポイントの位置を狙えるように集中しよう。

コツ 2 自分にベストなトスの高さを探る

　自分の打ちやすいトスの高さを探り、正確性を身につける練習。アンテナの10cm幅のマーキングを利用する。どの部分の高さまで上げると、正確にインパクトできるかを試してみる。ベストなトスの高さを見つけたら、毎回その高さをキープできるようにアンテナを目安に練習しよう。

コツ 3 コースやスピードが甘くならないように注意

　コントロールを意識しすぎて、サーブに威力がなくなってしまうのは、悪い例。コースが甘くなり、スピードが遅くなってしまうような弱いサーブを、相手コートの中央に打ってしまうのは絶対に避けたい。相手チームの思うツボにならないように、コントロールを意識しながらもスピードのある強いサーブを打てるのが理想。

スピードアップ
フォームにタメを作ってスピードアップ

通常のフォーム

トスは空中に置くように上げる

ボールを放したらすぐにインパクト

CHECK POINT
①速いスイングでも打点の高さはキープする
②下半身で「タメ」を作って力を生み出す

スピードの変化で相手のリズムをかく乱

　相手レシーバーにとって嫌なサーブとは、ボールの球質がサーブごとに異なり、予測がつかないこと。相手の想定を覆す一つの手段に「スピードの変化」がある。スイングやボールのスピードを速くすることで、相手レシーバーのサーブレシーブのリズムを狂わせることが目的。

　スイングのスピードを通常よりも速い動作で行う。ボールをインパクトする際も当たった瞬間、長くボールに触れずにできるだけ短い時間で手が離れるように心がけよう。

　また、ボールのスピードを加速させるには、インパクト時にパワーを乗せる必要がある。下半身を重心移動するときに「タメ」を作り、そのパワーをボールに伝えよう。

スピードを加速させたサーブを打っても、狙ったところにいかないサーブ、コントロールがままならないサーブでは意味がない。スピードアップした状態でもしっかりコントロールする。

タメをつくったフォーム

前足を浮かせて
後ろに体重をかける

重心を前方に移動させ
てスイング

体重を乗せて
しっかりインパクト

コツ 1 速いスイングでも打点の高さはキープする

スイングを速くして打つときも、通常のサーブの打点の高さを維持する。打点が低くなってしまうとネットを越える際、山なりのサーブになってしまう可能性がある。動作を速くしても、打点はしっかりキープしよう。

コツ 2 下半身で「タメ」を作って力を生み出す

「タメ」を作るコツは、スイングの際、後ろ足に体重を乗せること。前足を浮かすと自然に後ろ足に体重がいくので、そこで力を生み出し重心移動を行う。下半身がぐらつかないように注意して正確にインパクトしよう。

POINT 47
サーブの打ち方を変えて変化にバリエーションをつける

CHECK POINT
① すべてのサーブの基本をマスター
② ロングサーブで変化をつける
③ 打点を上げて角度で変化をつける

相手レシーバーに落下地点を簡単に判断させない

　鋭いサーブを打っても、同じようなサーブを打ち続ければ、相手レシーバーもその角度に慣れてくる。効果的なサーブとはボールの変化量にギャップを生み出し、相手レシーバーに落下地点を簡単に判断させないサーブだ。プレーヤーは一つのサーブだけではなく、変化をつけられるような、いくつかの引き出しを備えておく。

　無回転サーブの基本であるフローターサーブ、さらに打つ位置を下げて距離を伸ばすロングフローターサーブ、高さを加えるジャンプフローターサーブなど、狙いどころや試合状況によって、打ち分けていくのが理想。練習の際は、それぞれのサーブがどのように変化をするか、1本1本確認しながら取り組もう。

コツ 1　すべてのサーブの基本をマスター

　すべての無回転サーブの基本となるのが、フローターサーブだ。打つ位置や打点を変えた状態でも、「ボールの中心を強くたたく」という動作が重要となる。サーブエリアの横幅・縦幅を活用し、どの位置からも打てるように練習しよう。また、ストレート、クロスなどコースの幅も広げていこう。

コツ 2　ロングサーブで変化をつける

　フローターサーブに最も簡単に変化をつけられるのが、打つ位置を変えること。とくにサーブエリアの後方で打ち、サーブの距離を伸ばしたロングサーブは、ボールが長く空中に浮いている分、変化量も増す。相手レシーバーにとっては、より落下地点を予測しにくくなるので、多くのプレーヤーにマスターしてほしいサーブだ。

コツ 3　打点を上げて角度で変化をつける

　サーブの打点を上げて高さを生み出し、サーブの角度で変化をつけていくのも効果的。助走の距離を伸ばし打点が高ければ高いほど、相手レシーバーは戸惑う。高度な技術が必要であるため、打つのが難しいというプレーヤーは助走を短くした状態でもいい。まずはジャンプして打つことから始めよう。

CHECK　横回転や逆回転は相手がとりやすい

　インパクト時にボールの端や下部をたたいてしまうと、横回転、逆回転がかかり、レシーバーにとってとりやすいサーブになってしまう。ボールに威力がなく、チャンスボールに近い状態になる。それだけは避けたいので、ボールの中心をしっかりたたいて回転がかからないように注意しよう。

POINT 48

サーブの軌道と距離の感覚を身につける

CHECK POINT
① 自分に適した距離を見つける
② ネットすれすれの軌道を作る
③ あらかじめ白帯を狙って打つ
④ 体が開かないように注意する

自身の発見と工夫でミスを減らす

サーブミスによく見られるのは、ボールがネットを越えない、あるいはコートの外に落下してアウトになるケースだ。アウトボールの種類にも、距離感を誤ってしまうエンドラインのアウト、方向を誤ってしまうサイドラインのアウトがある。

サーブを打つ際、距離、方向が定まり、それに準じた動作、フォームでサーブを打てれば、アウトボールはなくすことができる。練習では、自分の持っている筋力、肩の強さに合ったサーブの距離を見極めることが大切。パワーがあるプレーヤーは、立ち位置を後ろに下げてアウトにならないように距離を調整する。サーブは1人で行うプレーなので、自分自身の発見と工夫でサーブミスを減らすことができる。

コツ 1 自分に適した距離を見つける

エンドライン方向でアウトになる場合は、ボールを強く打ちすぎている可能性がある。かといって、サーブが入ることを優先して力を加減してしまうともったいない。サーブエリアの縦の幅を利用して自分にベストな距離を探り、打つ位置を調整。自分の筋力に適した距離のサーブを打てるようにしよう。

コツ 2 ネットすれすれの軌道を作る

サーブがアウトにならないもう一つのコツは、サーブの軌道を低くくしスピードのあるサーブを打つこと。ネット上すれすれを狙うことで、軌道が山なりになることを防げる。万が一ネットの白帯に当たっても、ネットインサーブを狙える可能性があるので、一石二鳥の効果を狙える。

コツ 3 あらかじめ白帯を狙って打つ

ネット上すれすれのサーブを身につける練習方法。あらかじめ、ネット上の白帯を狙ってサーブを打ってみよう。白帯の高さを体にしみ込ませることを意識して、高い確率で白帯に当たるまで練習を繰り返す。感覚が身についてきたら、狙いを白帯の上に切り替えてネットすれすれを実践してみよう。

コツ 4 体が開かないように注意する

サイドライン側でアウトボールになることが多いプレーヤーは、スイングの際、体や手のひらがサイドに開いている可能性がある。ボールを打った瞬間、体勢が崩れていないかチェック。体をまっすぐにした状態で、スイング、インパクト、フォロースルーまでこなせるように心がけよう。

無回転サーブの変化を
コントロールする

　フローターサーブによって放たれるボールの軌道は、無回転でレシーバーにとっては予測がつきにくいもの。それゆえに「ボールの軌道まかせ」で、微妙なコントロールがつきにくく、どうしてもアバウトなコントロールなってしまったり、勝負どころで強くヒットできない「弱気なサーブ」になってしまう選手も多いだろう。

　ボールの変化のカギは、ボールにあるへそ部分のへこんだところと空気抵抗にある。練習段階から安定したトスとしっかりヒットすることで、コントロールされた無回転のボールが打てるようになる。ボールの右側をヒットすれば右に曲がっていくカーブになり、左側をヒットすれば、その逆。さらにボールの中心より、やや上をヒットすれば、揺れるようなボール軌道になることもある。

　これらのサーブが安定的に打てるようになるためには、トスの安定とヒットの正確性、力の入れ具合が大切。繰り返し練習しながら、感覚を磨き、ここ一番で自信を持って打てるサーブになるよう仕上げていこう。

PART6

サーブのための
体づくり

サーブのための体づくり

体の軸をつくり 上半身の柔軟性をアップ

CHECK POINT
①腹筋、背筋の強化が体の軸を作る
②上半身のバランスを意識する
③肩甲骨を意識しスイングをスムーズに
④動的ストレッチで肩の可動域を広げる

体幹の強化と柔軟性を高めることが大切

　サーブは、ポジションに関係なくコートにいる6人全員が行うプレー。ここではサーブ力のアップをテーマにしたトレーニングメニューを紹介していく。

　サーブは、オーバーハンドパス、アンダーハンドパスとは異なり、片手でボールを打つ。スパイクもそれに当てはまるが、サーブのほうが距離は長い。片手打ちで遠くまでボールを飛ばすた

めには、下半身、上半身をしなやかに動かし、生み出した力をボールに伝えていかなければならない。

　このことからサーブの動作では、体の軸と肩の柔軟性が重要。サーブを打つ際、バランスを崩さない体幹の強化、肩甲骨の動きを高めることが、思い通りのサーブを打つことにつながる。

※P104からのエクササイズは10回を目安に、フォームが崩れない程度行う。

コツ 1 腹筋、背筋の強化が 体の軸を作る

　体の軸の中枢を担うのが、いわゆる「体幹」と呼ばれる腹筋、背筋である。腹筋、背筋を強化することで、バランス力がアップ。体の軸をまっすぐ整え、下半身から上半身への力の伝達もスムーズに行うことができる。地味なトレーニングメニューが多いが、積み重ねが筋力アップにつながる。

コツ 2 上半身のバランスを 意識する

　下半身の体重移動で力を生み出しても、上半身のバランスが崩れていたら、力強いサーブを打つことができない。また体の軸がぶれて、思い通りのコースへ打つこともできないだろう。トレーニングでは上半身の動きをより意識できるようなメニューに取り組む。下半身が使えない状況を作り、上体のバランスを確認しよう。

コツ 3 肩甲骨を意識しスイングを スムーズに

　下半身から上半身へと伝達してきた力を最後に発揮する場が、スイングの動作。腕の動きが詰まってしまったり、遅かったりすると力が分散してしまう。そうならないように肩甲骨周りをしっかり動かし、腕、手首までを無駄なく使ったシャープなスイングを目指す。そして最後にボールの中心をとらえて、力を伝えていこう。

コツ 4 動的ストレッチで 肩の可動域を広げる

　練習および試合の前後に必ず行ってほしいのが、体のケアだ。とくに肩周りは、ケアを怠ると筋肉が硬直し柔軟性が失われてしまう。硬くなってしまうと動作のスピードに支障が出たり、肩のケガの原因につながりやすい。可動域を広げるトレーニング、ウォーミングアップとしても有効な動的ストレッチで筋温を上げよう。

トレーニング① 「片足立ちでボール投げ」

体幹のバランスを意識する

　背筋をまっすぐ伸ばした状態で片足をあげて、ボールを投げるトレーニング。背中、腹など体幹のバランスを整えることを意識するのがポイント。体幹が折れたり、でん部が後方に突き出ないように注意して体幹に力を入れる。

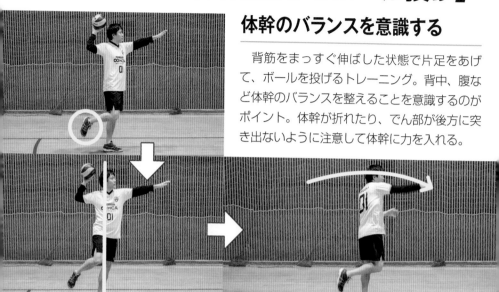

トレーニング② 「片足を乗せてサーブ」

軸足を浮かして上半身を強化

　軸足をバランスボールに乗せた状態でサーブを打つ。軸足を重心移動できない状況でも上半身のバランスを意識してサーブを打つトレーニングだ。バランスボールがなければ、パイプ椅子でもOK。あるものを使って軸足を浮かせた状態で打ってみよう。

トレーニング③ 「ボールを真上に投げる」

ヒジを
柔らかく
使って投げる

　スイングの状態を作って手のひらの上にボールを乗せる。スイングすると同時にボールを自分の真上に投げる。ヒジから先と手首をやわらかく使わないとボールは真上には上がらない。ボールが手から放れた後は、ヒジをしっかり伸ばそう。

トレーニング④ 「バランスボールを引き寄せる」

腹部に力を入れて体を支える

　大きめのバランスボールの上に両脚を乗せて腕を立てて体を支える。腹部に力を入れてヒザを曲げてバランスボールを引き寄せよう。ヒザが直角になるまで引き寄せたら、ヒザを少しずつ伸ばしてバランスボールを元の位置に戻す。顔はできるだけ正面に向けて、バランスをとるのが強化のポイント。

！CHECK 器具を使って日々バランストレーニング

　しなやかなフォームから力強いサーブを打つための土台となるのは、腹部、背中を中心とした体幹だ。いわゆる「コア」と呼ばれる部分。身近にある器具を使って日々トレーニングに励もう。バランスボールの上で正座をしたり、足を離して長時間座ったりできるようになるのが理想。

トレーニング⑤ 「小さいボールを使ってサーブ」

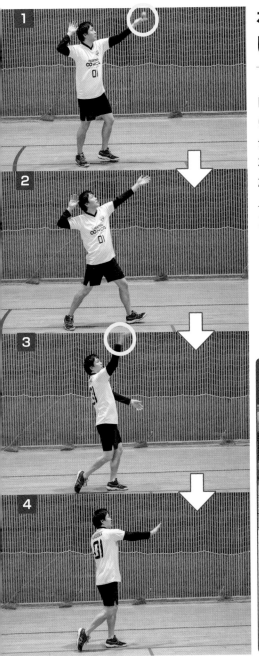

ボールの中心を
しっかりとらえる

　ボールの中心をインパクトするトレーニング。テニスボールなど手のひらサイズのボールを利用する。フローターサーブと同じ要領で高い位置にボールを置いてトスを上げる。ボールがぶれないようにまっすぐ上にトスを上げ、顔の斜め前でボールを力強くインパクトしよう。

CHECK！ ボールの中心を
たたく癖をつける

　バレーボールだと面積が大きい分、空中に浮いたボールの真芯をたたくことが難しい。しかし、小さいボールでれば、必然的にボールの中心をたたくことが可能。ボールの中心をたたく癖をこのトレーニングで身につけよう。

動的ストレッチ

上半身の柔軟性を
アップさせるストレッチ

ストレッチ①「胸を開くイメージでヒジを曲げる」

　肩甲骨まわりの動的ストレッチ。両ヒジの高さをそろえて腕を前に出して構える。そこから胸の開きを意識してヒジを外側に曲げる。ヒジを伸ばして元に戻す。

ストレッチ②「肩甲骨を寄せる意識でヒジを下ろす」

　両腕を頭上にまっすぐ伸ばす。そこから肩甲骨を寄せるようにしてヒジを曲げる。手のひらを内側から外側へ向きを変えるのがポイント。

ストレッチ③ 「肩甲骨周りをしっかり伸縮させる」

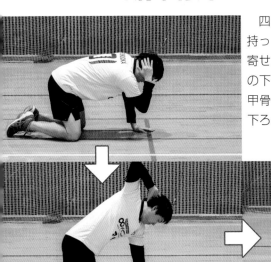

　四つん這いになり、片手を頭の後ろに持っていく。腕の根元、肩甲骨を中央に寄せるようにしてヒジを上に上げる。脇の下が見える高さまで上げたら、次に肩甲骨を伸ばすようにしてゆっくりヒジを下ろしていく。

ストレッチ④
「肩甲骨を内側、外側へ動かす」

　両手両足を床につき、四つん這いになる。猫をイメージしてアゴを引き、肩甲骨を外に開くようにして高い位置で背中を丸くする。そこから顔を正面に向け、肩甲骨を寄せるようにして腰を反らせる。

監修
オーカバレーボールクラブ

　バレーボールの楽しさや面白さ、技術向上を目指す為のアドバイスをより多くの人に伝えたいとの思いから、2011 年に開校したバレーボールに特化した学校（スクール）。

　大学の体育会所属の選手や、元実業団の選手など、実戦的な技術と知識を豊富に持ったコーチ陣が指導にあたる。未経験者でも参加できるビギナーコースから、サーブコース・レシーブコース・スパイクコースなど各技能に特化した個別レッスンのコースを設けており、集中して専門的技術を習得することもできる。

　小学生から社会人まで、様々なカテゴリを対象に、小グループからチーム単位でのレッスンプログラムもあり、各自の技術レベルに合わせそれぞれの要望に応じたレッスンを行なっている。

　東京本校をはじめ、関東を中心に全国各地に指導拠点がある。

スタッフ

デザイン　都澤昇
撮　　影　上重泰秀　柳太
写真提供　㈲ブランニュー　馬場誠
執筆協力　吉田亜衣　小野哲史
編　　集　株式会社ギグ

流れを引き寄せる！バレーボール　サーブ 必勝のポイント50

2020年　3月30日　第1版・第1刷発行

監　修　オーカバレーボールクラブ
発行者　株式会社メイツユニバーサルコンテンツ
　　　　（旧社名：メイツ出版株式会社）
　　　　代表者　三渡　治
　　　　〒102-0093 東京都千代田区平河町一丁目 1-8
　　　　TEL：03-5276-3050（編集・営業）
　　　　　　　　03-5276-3052（注文専用）
　　　　FAX：03-5276-3105
印　刷　三松堂株式会社

ウェブサイト https://www.mates-publishing.co.jp/
編集長：折居かおる　副編集長：堀明研斗　企画担当：堀明研斗